HEIMAT

HEIMAT

EDGAR REITZ
EINE CHRONIK IN BILDERN

BUCHER

Alle nicht ausdrücklich gekennzeichneten Texte dieses Buches wurden von
Edgar Reitz verfaßt.

Fotografie: Christian Reitz, Edgar Reitz Filmproduktions GmbH,
Klaus Dücker, Otto Conrad
Lektorat: Brigitte Leierseder
Graphische Gestaltung: Claus-J. Grube
Herstellung: Johannes Eikel, Angelika Kerscher

ISBN 3 7658 0487 8

BUCHER

INHALT

PROLOG

Ihr Leben hatte zweiundachtzig Jahre gedauert.
Sie hatte Schabbach nie verlassen.
Als man Maria im August 1982 zu Grabe tragen wollte,
ging über dem Dorf ein Wolkenbruch nieder. Alle, die
um sie trauerten, brachten sich in Sicherheit. Siebzehn
Minuten traute sich kein Hund auf die Straße, aber die
Gedanken waren bei der Toten.
Ihr Lieblingssohn, der dieses Bild aufnahm, kämpfte
gegen die Nässe und seine Erinnerungen. Sie war im
Jahr 1900 geboren und in guten und schlechten Zeiten
genauso alt wie ihr Jahrhundert.

KAPITEL 1

SICHTBARES UND UNSICHT-BARES

«Ich werde mich mein Leben lang fragen, wie Erinnerung funktioniert, die nicht das Gegenteil von Vergessen ist, vielmehr seine Kehrseite. Man erinnert sich nicht, man schreibt das Gedächtnis um.»
(«SANS SOLEIL» VON CHRIS. MARKER)

Gerade weil Film aufgrund seiner Verwendung der Kamera, des Objektivs so naturgesetzlich auf die Aufnahme und die Wiedergabe des aktuellen Bildes fixiert zu sein scheint, weil Film insofern erbarmungslos auf die Wiedergabe des Sichtbaren fixiert ist, gerade deswegen war und ist sein Thema seit je die Wiedergabe des Unsichtbaren. Die Kamera verwandelt alles, was sie aufnimmt, in Vergangenes. Jeder, der filmt, nimmt dabei Abschied von den Dingen, die er vor dem Objektiv hat, ob fiktives, inszeniertes Geschehen aufgenommen wird oder reales öffentliches oder privates Geschehen, das wir filmend antreffen. Die Kamera ist unser Gedächtnis. Wenn wir Filmmaterial montieren, zu filmischen Bild-Ton-Sequenzen neu zusammensetzen, leisten wir Erinnerungsarbeit. Und das ist, wie Chris. Marker sagt, nicht das Gegenteil von Vergessen, sondern wir setzen die Bruchstücke des Gedächtnisses neu zusammen.

Wenn wir im Spielfilm Geschichten erzählen oder «Geschichte» wiedergeben, so erinnern wir uns in dieser Art: Das Zeit-Kontinuum hat einen Riß bekommen. Wir holen das Vergangene niemals ein. Wir trennen uns vielmehr endgültig, aber auf eine würdigere Weise, als es das Vergessen tut, von den Dingen. «Die Zeit heilt alles, nur nicht die Wunden. Mit der Zeit verliert die Wunde der Trennung ihre wahren Ränder. Mit der Zeit wird der begehrte Körper nicht mehr sein, und wenn der begehrende Körper schon aufgehört hat, für den anderen zu existieren, ist das, was bleibt, eine Wunde ohne Körper.» (Chris. Marker)

Film handelt vom Unsichtbaren, indem er manisch Sichtbares abbildet, nach Sichtbarem schreit, Pilgerfahrten zu seinen sichtbaren Motiven auslöst.
Seit der Ausstrahlung von HEIMAT im deutschen Fernsehen pilgern Woche für Woche die Zuschauer zu den Schauplätzen im Hunsrück, bewegen sich auf den Spuren von Maria, Katharina und Hermännchen. Sie suchen die flüchtigen Kinofiguren, die sie in ihrem Gedächtnis nicht anders beleben können, als daß sie sie verfälschen.
Sichtbar sind immer nur die Schauplätze, die

Personen der Handlung. Unsichtbar ist die Handlung selbst. Es gibt keine sichtbaren Geschichten. Sie existieren nur an den Nahtstellen zwischen den Bildern. Nicht nur im Film, auch im Leben. Der sogenannte Actionfilm täuscht sich über diesen Sachverhalt, kann ihn nicht ändern, trotz aller seiner Bemühungen. Wenn mit ungeheurem Aufwand Bewegung, Verfolgung, Schlägerei, Stunts, Schlachten, Brände, Zerstörung, Sex-Szenen inszeniert werden, so bleiben alle diese Bemühungen ohne Wirkung, wenn wir den Schmerz, die Angst, die Lust der Betroffenen nicht ahnen, das heißt nicht erzählt bekommen. Pornofilme sind so unerotisch, weil sie so hoffnungslos am Sichtbaren haften, wo doch gerade Lust etwas gänzlich Unsichtbares ist.

Aber daß unsere Themen meist unsichtbare, unhörbare, sinnlich nicht wahrnehmbare Geschichten sind, gerade das verpflichtet uns zu den starken Bildern. Nur die eindringlichsten und vieldeutigsten Bildschöpfungen haben die Kraft, die Sinne festzubinden, damit sie mit ihrer Gier, alles zu besitzen, alles sich einzuverleiben, gebändigt werden, damit wir frei werden, das Gedächtnis zu befragen, uns zu erinnern, die Geschichten, die erzählt werden, neu zusammenzusetzen. Odysseus läßt sich an den Mastbaum binden,

damit seine Sinne nicht plump eingreifen können, damit er nicht anfassen kann, was er sieht und begehrt. Nur so läßt sich Begehren erzählen! Im Kino binden uns die stärksten Bilder an die Augen, so wie Odysseus an den Mastbaum gebunden wird. Starke Bilder hindern uns am besten, die Eindrücke der Augen mit der Geschichte selbst zu verwechseln. Ein unerhörtes Verfahren! Das nenne ich die eigentliche Erfindung der Filmkunst. Mit Bildern erzählen, indem man die Bilder dazu verwendet, die Augen so sehr zu beschäftigen, daß sie uns am Geschichtenerleben nicht mehr hindern.

Wenn Dinge und Menschen aus unserer sinnlichen Wahrnehmung entschwinden, wenn sie weggehen, sterben, oder wir gehen weg, oder die Zeit nimmt sie uns weg, so entsteht ein Schmerz; der Schmerz, der aus der Hoffnungslosigkeit entsteht, uns die Dinge aneignen zu können, sie lieben, benutzen oder besitzen zu können. Auch das Aufessen, die intensivste Form der Aneignung, ist ein solcher Vorgang des Abschiednehmens. Aber im Abschied treten die Dinge in unser Gedächtnis über, werden Teil eines Raum- und Zeit-Verhältnisses, dessen Teil auch wir sind. Im Abschiednehmen, in diesem Übertritt aus der sinnlichen Beziehung in die Erinnerungsbeziehung, entstehen die Legenden und Geschichten, entstehen die Bilder, die getrennt von den Menschen weiterleben, so wie die Wunde, die ohne Körper weiterexistiert. Bei genauer Betrachtung hat Film immer auch etwas mit Abschied zu tun. Er handelt von Dingen und Menschen, die unserer sinnlichen Wahrnehmung entschwinden, von diesem Schmerz, den jede gute Filmaufnahme wiedergibt und auslöst. Dieses Licht, diese Anordnung im Raum, diese Bewegung im Gesicht! etc. sagen wir, wenn wir in den Bildern etwas Unwiederbringliches abgebildet sehen. Abschied auch wegen der zeitlichen Distanz, die selbst ein aktueller Bericht im Fernsehen von den Ereignissen noch schafft. Abschied ist das größte Filmthema.

Ich habe mich nun fünf Jahre lang mit den Bauern im Hunsrück, mit den Geschichten von Leuten befaßt, die über Jahrhunderte an gleichen Orten leben. Wir anderen leben mobil: Handwerker zogen schon im Mittelalter durch ganz Europa, Künstler, Intellektuelle, Arbeiter und Händler sind nicht an Orte gebunden. Der Bauer aber kann seine Felder, sein Haus nicht mitnehmen. Er würde alles verlieren, wenn er durch die Welt reisen und Bilder sammeln würde, wenn er Geschichten und Gedanken von Ort zu Ort trüge.

Die Geschichten der Bauern scheinen deswegen auch bei erster Betrachtung anders zu sein: Sie können die Orte der Handlung noch genauer benennen, auch die Schauplätze und Namen der Personen sehr ausführlich angeben. Es scheint, daß sie ununterbrochen den Beweis für die Wahrheit ihrer Geschichten antreten, indem sie die Orte bezeichnen und vorzeigen.

Bauern-Geschichten liefern ihre Bilder als täglich sichtbare Realität mit. Dafür brauchen sie keine Abbildung, keinen Film. Vielleicht ist das die eigentliche innere Bedeutung von Heimat, daß sie keiner Bilder bedarf, um ihre Geschichten verständlich zu machen. Sie ist selbst das Bild für die Geschichten, die erzählt werden. Die Schauplätze haben die gleiche Funktion wie die Bilder im Film: Sie binden die Sinne der Erzähler und Zuhörer, die Augen an etwas unbestreitbar Reales, an etwas, was stark auf die Realitätswahrnehmung wirkt. Und die Geschichten selbst spielen immer in der Vergangenheit, enthalten immer auch die Trauer des Abschieds.

Bauern brauchen keine Filme. Sie leben mit den realen Beweisstücken ihrer Geschichten. Da können sie in ihren Erinnerungen das Gedächtnis umbauen, können lügen, fabulieren, aufschneiden oder die Bruchstücke ihres Gedächtnisses neu zusammensetzen wie wir. Die Augen ihrer Zuhörer werden an die Beweisstücke gefesselt, an die Dinge, die noch lebenden Verwandten etc. Geschichten bleiben Geschichten, sind unsichtbar, die darin enthaltenen Gefühle arbeiten das Gedächtnis auf.

Vor langer Zeit waren wir alle Bauern. Die Erinnerung daran ist bei vielen von uns ausgelöscht. Wir mobilen Bewohner unbestimmter Orte brauchen für unsere Geschichten neue, transportable Beweisstücke. Und das sind zum Beispiel die Filmbilder – oder andere Bilder –, die wir mitnehmen können. Das ist auf besondere Weise der Film. Er ist umfassender als Beweis, bewegt alle sinnlichen Wahrnehmungen zugleich, beweist in Bild und Ton und Zeit die Geschichten. Ein Film kann uns in alle Teile der Welt folgen und uns das verlorene Dorf ersetzen.

Wir müssen aufhören zu glauben, daß Bilder direkt etwas erzählen. Wenn ich nichts weiter zu erzählen habe als das, was ich sehe oder vorzeige, erzähle ich nichts. Wenn ich nichts sehe, keine Bilder mache, während ich erzähle, erzähle ich nichts. Wenn ich mich von den sichtbaren Dingen nicht würdig trenne, Schmerzen des Abschieds vermeide, dann wird die Wand, die das Leben vom Tod trennt, immer dicker, dann schreitet die Geschichte voran, indem sie ihr Gedächtnis verschließt, wie man die Ohren verschließen kann. Die Wegwerfgesellschaft umgibt sich, ohne es zu wissen, mit den Geistern der weggeworfenen Dinge, die an uns Rache nehmen werden. Film kann ein Mittel der Versöhnung mit diesen Geistern sein.

Hauskonzert.

Robertchen, Paulines Sohn (an die Mutter gelehnt), hat von diesem Tag rätselhafte Worte in Erinnerung. Onkel Wilfried: «Die Endlösung wird radikal und gnadenlos durchgeführt. Das darf ich euch eigentlich gar nicht sagen. Aber unter uns: Wir wissen es doch alle! Alle in den Schornstein!»

Die Mutter: «Dat versteh ich net, wat heißt ‹in den Schornstein›?»
Der fesche Onkel: «Pauline, die Juden meine ich.»
Robertchen: «Mama, wer geht in den Schornstein?»
«Sei ruhig, Robertchen!»
Robertchen war zehn Jahre, drei Monate und fünf Tage alt.

Was niemand weiß:

Der Glockzieh, achtundsiebzigjähriger Kettenraucher in Gummistiefeln. In dem Lederbeutel am dritten Jackenknopf befindet sich ein schweres, glitzerndes Gemisch: Katzengold, gerade aus dem Bach gefischt. Hinter den Augen des alten Mannes sammelt sich Geiz. Was könnte er sich jetzt alles kaufen — wenn er kaufen würde! Aber er kauft nichts. Er kauft niemals. Insofern braucht das Gold auch kein Gold zu sein.

Ach, wie gut, daß niemand weiß . . .

Schabbach, ein Jahr vorher. Im achten Monat schwanger, geht Martha dem Mond entgegen. Ist das derselbe Mond, der über Rußland scheint? Wenn das so wäre, wäre Anton und mit ihm der Krieg gar nicht so fern. Aber vielleicht gibt es doch einen Extra-Mond für Schabbach.

Es ist Nacht an zwei verschiedenen Orten. Ein Schatten mit Uniformmütze wirft eine Zigarettenkippe auf die Straße vor dem Kurhaus. Die beiden zehnjährigen Buben verlieren den Wettlauf mit einer Stockspitze. In dieser Sommernacht des Jahres 1946 erbeutet ein Mann mit Hut ein weißes Wertobjekt, drei Zentimeter lang, einen fremden Zigarettenstummel aus Chicago.

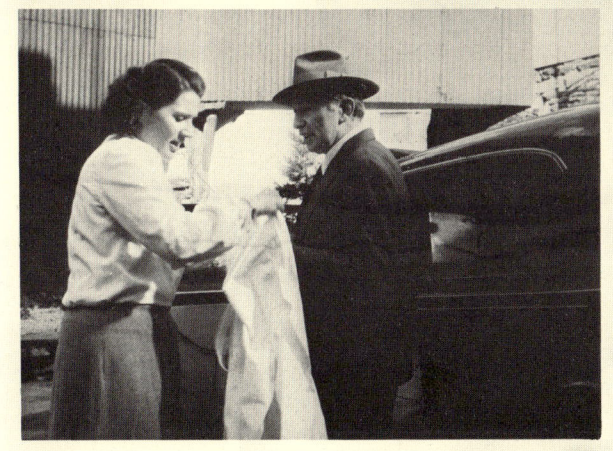

Sie hilft ihrem Mann, dem Uhrmacher, aus dem weißen Kittel und schließt hinter ihm die Autotür. Sie verspricht ihm, die Uhren in der Vitrine täglich aufzuziehen, von der Kundin sechs Mark fünfzig für die Reparatur zu verlangen und am Abend den Laden gut abzuschließen. Dann sieht sie zu, wie er mit dem Auto davonfährt. Es ist der 1. September 1939. Robert wird nie wiederkommen.
Der Krieg ist unsichtbar.

Es ist fünfzig Jahre her, da ist Matthias bei seinem Vater als Schmied in die Lehre gegangen. Wenn man auf die Fläche seines Hammers einen Punkt zeichnete, dann könnte er damit im Schlag die Spitze eines Nagels treffen. Die groben Hände täuschen. Während er sich das Auge reibt, spürt der Zeigefinger jede Wimper. War das Katharinas Stimme? Sie steht in der Haustür, hält einen Brief in der Hand. Seine Augen haben ihn bei der Arbeit nie im Stich gelassen. Jetzt, wo der Sohn aus der Ferne schreibt, wollen sie nicht mehr. Wenn Paul jetzt wirklich heimkehren wollte, könnte Matthias endlich sein Werkzeug beiseite legen. Den Rest könnte er sich vorstellen, müßte ihn nicht erst sehen.

KAPITEL 2

UNSERE GROSS-MUTTER

Sie war wie das Haus. Wenn einer wegrannte, schickte sie ihm ihre guten Wünsche hinterher; wenn einer heimkehrte, hat sie schon Tage vorher seine Schritte unter dem Fenster vernommen. Sie konnte viele Jahre warten ohne Bitterkeit. Kindersorgen sind genauso ernst wie die Nöte der Großen. Und wenn sie erwachsen werden, begehen sie die gleichen Dummheiten – nur daß sie jetzt die Großmutter nicht mehr fragen.

1919, sonntags, die Familie wieder
glücklich vereint. Von links nach rechts:
Katharina, Eduard, Pauline, Paul,
Matthias.

Einweihung des Kriegerdenkmals in Schabbach. «Unsere Lieben sind nicht vergeblich gefallen.» Katharina in der Mitte – skeptisch.

Mit den Enkelkindern Antonchen und Ernstchen.

Im August färbt sie Ostereier. «Aber Großmutter, es ist doch gar kein Ostern!»

In der Küche.
Sechs Uhr früh. Paul hat die ganze Nacht Radio gehört. Katharina besorgt: «Guck mal, wie blaß er aussieht!»

Katharina: «Das macht nichts, man weiß nie, was noch kommt!»

Wiegand hat sich künstlich in Wut versetzt (rechts
beschmutztes Gurkenglas, links oben geschwollene
Zornesader). Katharina: unbeeindruckt.

Unbeirrte Abreise. 20. April 1933. Das Dorf feiert
den Geburtstag des neuen Reichskanzlers Hitler. «Mein
Bruder steht mir näher als der Führer.» Sie reist zu ihrem
Bruder Hans nach Bochum.

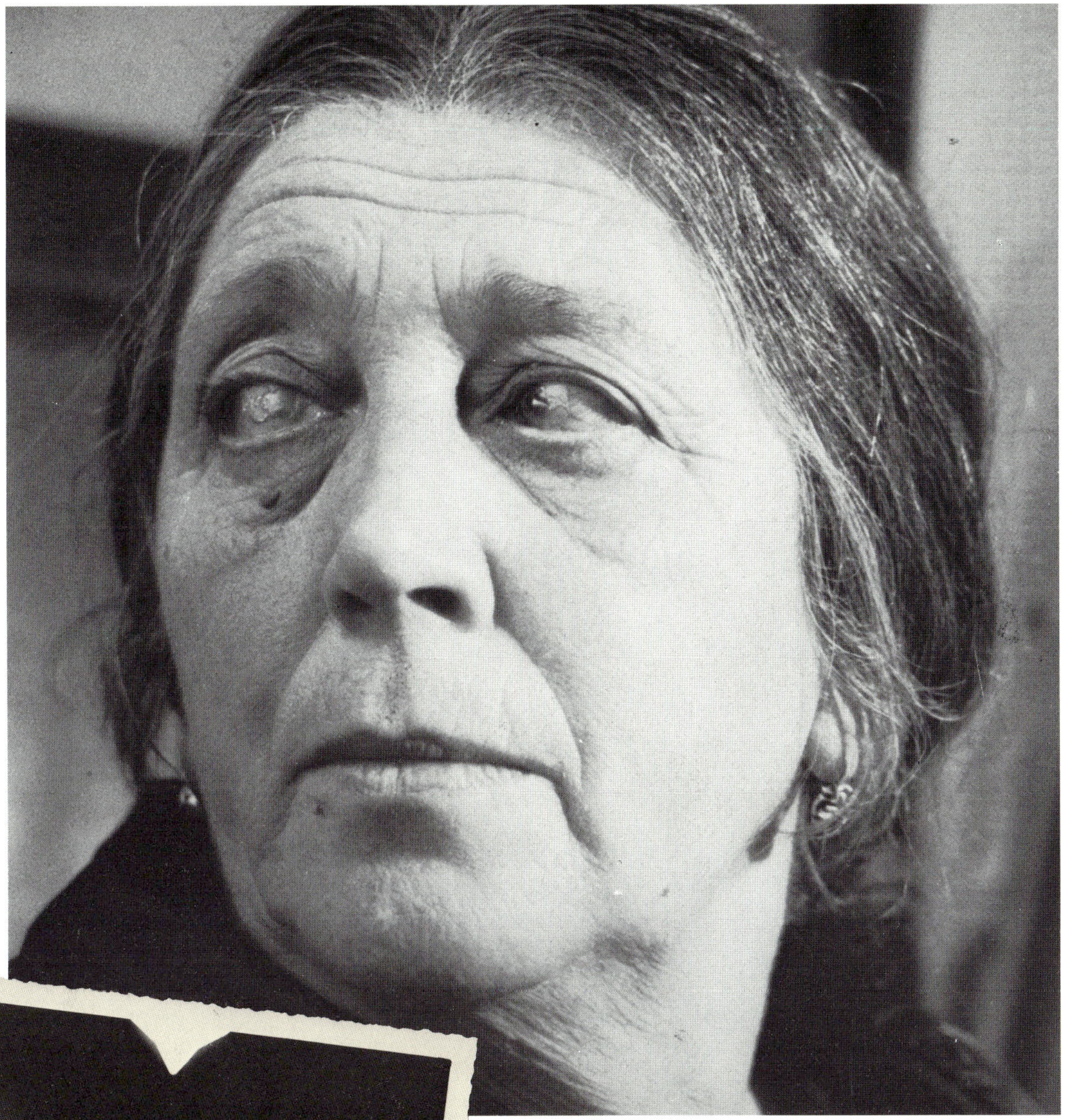

Bei der Bochumer Ver-
wandtschaft, die Männer
arbeitslos. Fritz (Mitte),
Gewerkschafter und KP-
Mitglied.
Ahnungen. «Es geht nicht
allen gut in dieser Zeit!»

Katharina: «Wieviel
Uhr ist es denn?» Hans:
«Fünf Uhr früh.» Katharina:
«Da kann man ja grad Angst
kriegen, schlafen zu gehen.»
Fritz ist im Morgengrauen
verhaftet worden.

Anfang September. Eine Abkürzung nach Schabbach. Mit Lottichen, der kleinen Tochter von Fritz.

Eine Blutvergiftung. Man kann die Bazillen nicht sehen, aber raus müssen sie aus der Hand!

«Jung, dei Lung!» Eduard, das lungenkranke Sorgenkind, hat schon wieder am offenen Fenster gesessen!

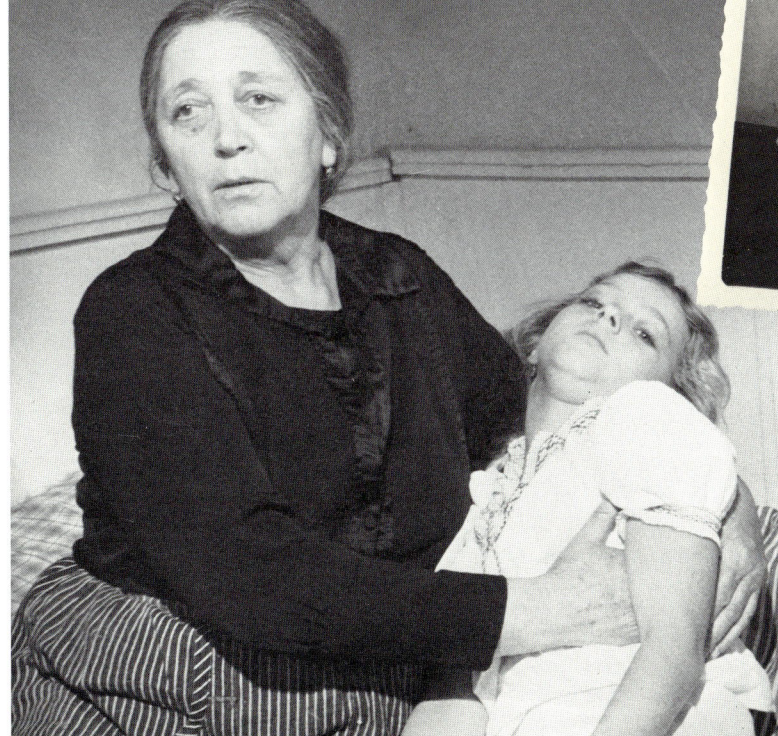

Eine Krankheit im Dorf.
«Lottichen wird an der Diphtherie nicht sterben!»

Katharina: «Anton, du ziehst mir diese Hitlerjungenuniform nicht wieder an!»
«Und wenn sie kommen und wollen, daß ich muß?»
«Dann biste eben herzkrank!»

Ahnungen nachts um drei.
Eduard ist in Berlin verlorengegangen wie eine Stecknadel im Heuhaufen. Welche Frau ihn da wohl finden mag? Eine ist durch das Dorf geritten und hat den bösen Blick.

Klarsichtig 1933.
  «Ein neues Auto, ein
Haus und jetzt auch noch ein
Kind?»
«Es geht aufwärts, Mutter!»

Katharina zu Matthias:
«Pump, Pump, alles auf Pump!»

So wollte Katharina
eigentlich nicht auf ihre
neue Schwiegertochter, die
Lucie, blicken. Ein ungün-
stiger Moment der Auf-
nahme? Eine mimische
Entgleisung?

Katharina, die Mutige.
  Kriegsbeginn, 1. September 1939. «Jetzt bezahlen
wir die Rechnung!»
Wiegand: «Kath, wie meinst du das?»

Katharina: «Dir wünsche ich, daß du einmal in ein
fremdes Land kommst und dann einem begegnest, der so
ist wie du!»

SS-Wilfried: «Hörst du Feindsender?»
Katharina: «Du warst schon als Kind ein Flappes und bist
ein Flappes geblieben!»

«Das ist doch Greuelpropaganda, Tante Kath!»

Niemand konnte wie sie die
Weihnachtsgans bereiten.

Katharina überlegen. (Aber sie hört zu.)

Vierzig Jahre lang hat sie für die immer größer werdende Familie die Strümpfe gestopft.

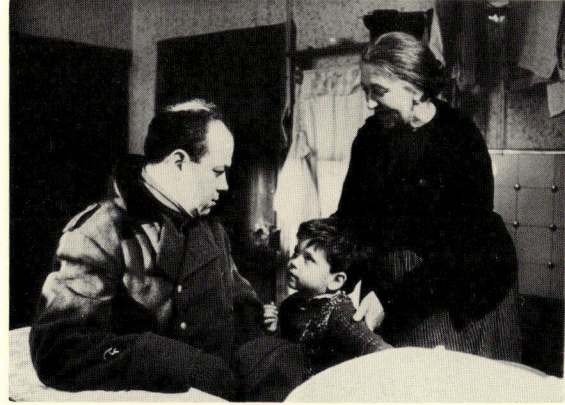

Sie hat gedacht, er soll sein Kind sofort kennenlernen. «Das ist das Hermännchen, Otto.» (Auch eine Kriegsszene an der Heimatfront.)

Sie erinnert sich an jede
Kleinigkeit.
An Pauls erstes Radio.
Daran, daß Heusamen-
aufgüsse schon gegen seine
Kinderkrankheiten geholfen
haben, daß er immer so blaß
war und seine Milch nicht
trinken wollte.
Daran, daß es sechsmal
in ihrem Leben eine neue
Zeit gegeben hat. «Das hört
überhaupt nicht mehr auf
mit den neuen Zeiten!»

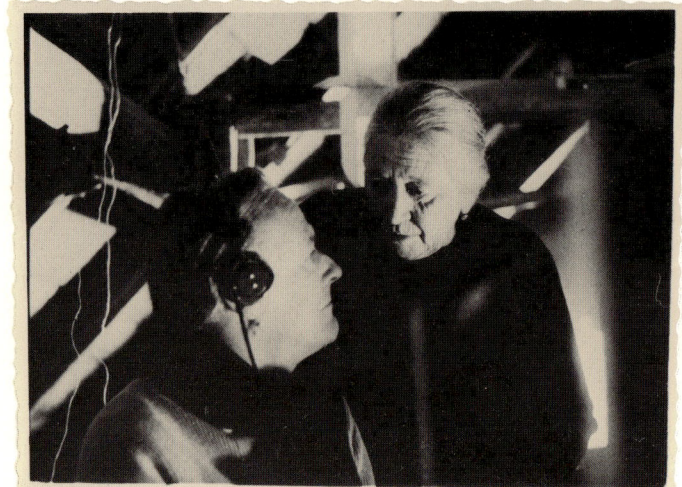

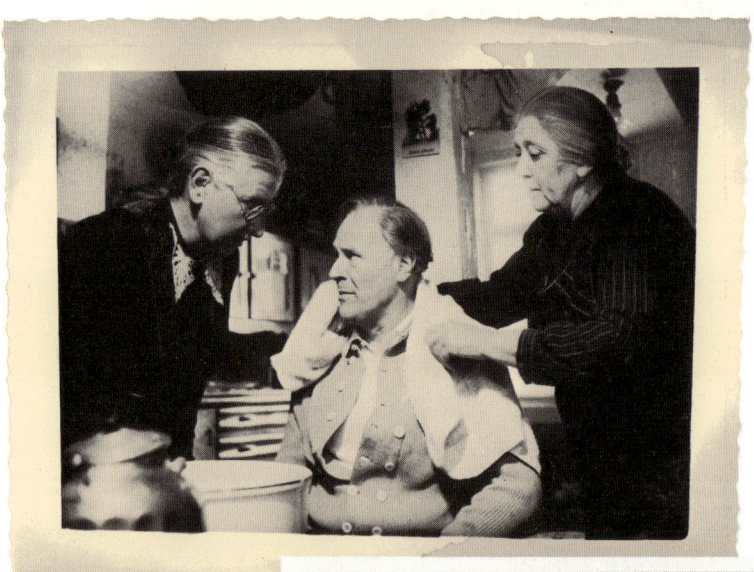

Katharina, die Kluge.
«Ach, Herr Pieritz, das große Geschäft
machen doch immer nur die anderen!»

Katharina Simon, geborene Schirmer.
* 10. 11. 1875   † 10. 5. 1947

Katharinas letzter Tag.
    «Ich bin so müd, Maria, ich werd mich
ein bißchen hinlegen. Wenn der Kaffee
fertig ist, weckst du mich!»

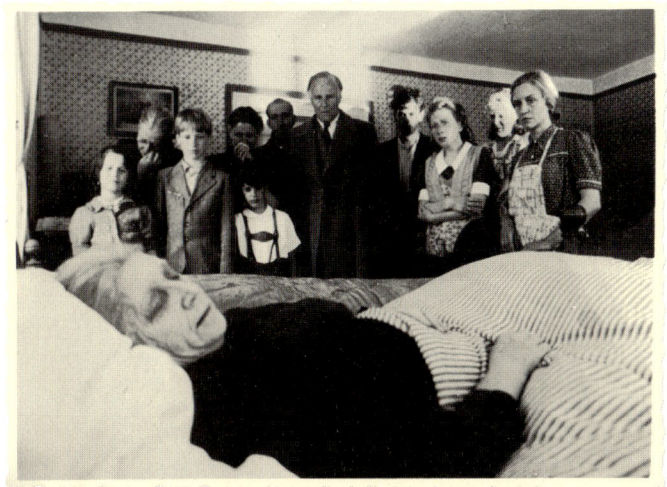

Als Maria sie wecken wollte . . .

DER GROSSVATER

Matthias, der Großvater.
   Er war Dorfschmied,
wie schon sein Vater,
sein Großvater und sein
Ur-Urgroßvater.

Er zeigt Martha seinen verkrüppelten Daumen. Weil das Augenlicht ihn verläßt, hat er sich nach vierzig Jahren zum aller-, allererstenmal bei der Arbeit verletzt. «So ist das, wenn man alt wird.» Er hatte Humor.

KAPITEL 3

HÄNSCHEN – GESCHICHTE EINES TALENTS

Korbmachers Hänschen hatte nur ein Auge. Das andere hatte ihm sein Bruder bei der Kommunionfeier ausgestochen. Beim Essen? Ja, beim Essen. Mit der Gabel? Mit der Gabel. Aber Hänschen war ein kluger Junge. Eduard mochte ihn gern und hat ihn fotografiert.

Das Korbmacherhäuschen stand gleich, wenn man nach Schabbach reinkam, auf der linken Seite. Der arme Korbmacher war als «Sozi» verschrien. Deswegen hielt er sich zwei Schäferhunde. Auch Hänschen fürchtete sich vor nichts.

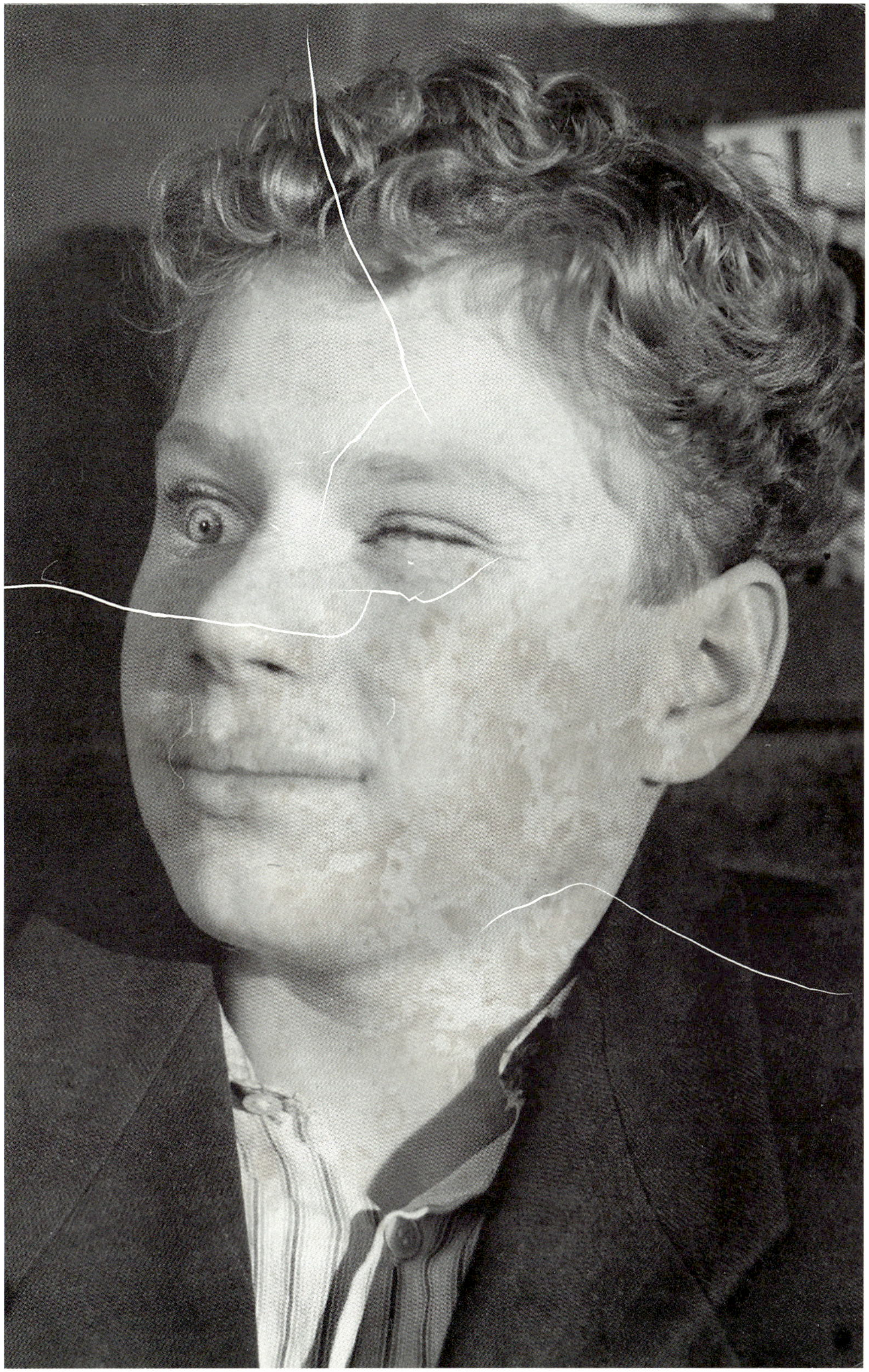

Vor dem Korbmacherhäuschen

Eines Tages, kurz nachdem es geregnet hatte, fuhr Hänschen auf dem Fahrrad an der Telefonleitung entlang, hinaus aus Schabbach. Das war im Herbst '33.

Hänschen kam so zu einem Lager mit
Wachttürmen. Dort endete der Telefon-
draht.
Hänschen guckt mit seinem Auge. «Wie
guckst du denn?» fragt der SS-Mann.
«Wenn du richtig gucken willst, mußt du
dein anderes Auge aber auch aufmachen.»
«Ich kann das nicht», antwortet Hänschen,
«das ist schon immer zu.»
«Du bist ja der geborene Scharfschütze»,
meint der SS-Mann und zeigt Hänschen,
wie man schießt.
So lernte Hänschen, was sein Talent ist.

Hart und schwer traf uns die
schmerzliche Nachricht, daß
unser innigst geliebter, braver
Sohn, Neffe und Enkel

Grenadier Hans Betz

Scharfschütze und Inhaber
des Verwundetenabzeichens
im Osten sein junges Leben
gelassen hat.
Schabbach, den 15. Jan. 1944
In tiefer stolzer Trauer:
Josef Betz und Frau Elisabeth
geb. Funke
**sowie beide Großeltern
und Anverwandte**
Wir bitten um ein stilles Gebet

Gefallenenbildchen auf
Glanzpapier.
    Korbmachers Häns-
chen war als Scharfschütze
an der Ostfront gefallen.
(«In tiefer stolzer Trauer» –
Josef Betz, der ehemalige
Sozi, gehörte nicht zu denen,
die so empfanden, wie es auf
dem Bild stehen mußte.)

KAPITEL 4

KATZENGOLD ODER TRÄUME VOM GLÜCK

Der Junge soll es mal besser haben als sein Vater.»
Deswegen fuhr ich jeden Morgen mit der Bahn: Morbach, Bischofsron, Hinzerath, Hochscheid, Hirschfeld, Büchenbeuren, Sohren, Niedersohren, Niederkostenz, Kirchberg, Unzenberg, Nannhausen, Simmern. Das ging an Telegrafenstangen vorbei, vorbei an Sägewerken, niedrigen Hecken. Kühe rechts, dürftige Wiesen, eine Fichtenschonung, den Berg hinauf ins Grüne. Dann die Station aus Wellblech. Gertrud steigt ein, mit Sternaugen und Wangengrübchen. Ich habe von ihren Locken geträumt, und in der wackelnden Dunkelheit des Waggons gerate ich mit der Nase in ihre Traumhaare.

Deutsch, Physik, Latein, Geschichte, Turnen. Der Duft von Gertruds Haaren folgt mir durch all diese Beweise meiner Unwissenheit. Der Hunsrücker Schulweg ist wie die sieben schrecklichen Jahre in der Bibel. Siebenmal Herbst, siebenmal Spätherbst und Winter. Das Sternbild des Orion steht jeden Morgen um halb sechs über der Bahnhofstraße, immer in derselben unerreichbaren Ferne. Ich lerne, daß man das Glück nicht anfassen kann. Diese Lehre hat auch das Gymnasium zu vermitteln; auch daß Schönheit nicht von dieser Welt sein kann, und daß Herzklopfen nur den

Kopf leer macht. Wir sollen das Warten lernen und es edel ausgestalten – bis in alle Ewigkeit und bis ans Ende aller Bahnfahrten.

Gertrud hat feuchte Lippen, lächelt, ist dem edlen Warten nicht gewachsen. Im vierten Jahr fehlt sie in unserem Zug. Es heißt, daß sie Krankenschwester geworden ist. Sie ist ins Leben abgedriftet.

Ich sollte es einmal besser haben; deswegen ließ der Vater mich an den Sägewerken, den niedrigen Hecken, dürftigen Wiesen und an Gertrud vorbei hin- und herfahren, bis ich die dreizehn Stationen der Hunsrückbahn im Schlaf mit dem Rücken an der Holzbank erkannte. Wenn ich die Augen öffnete, stand der Baum in Mettlers Wiese wieder am selben Ort, ließ sich nicht anmerken, daß er die anderen Bäume besucht hatte, daß er auf Wanderschaft gegangen war wie die Häuser von Sohren, die Hecken von Kirchberg, die die Hecken von Kostenz besucht hatten, während ich schlief. So entwickelte sich meine Vorstellung vom Glück.

«Die Dinge, die in Bewegung sind, begeben sich nicht dahin, wo einer wartet.»

So verhält es sich mit dem Glück auch. Es ist nicht ortsfest, ist dauernd auf Achse, es ruht sich nirgends aus. Eines Tages müßte man es wagen, in Simmern einfach nicht auszusteigen, einfach geradeaus weiterzufahren, den Berg hinab, über den Rhein, den Neckar, die Donau, das Meer. Die Städte durchqueren und den Zug oft wechseln, damit das Glück auch Gelegenheit findet, ein Stück weit mein Reisebegleiter zu werden oder mit ihm sogar umzusteigen, wenn ich die Fahrtrichtung wechsle. Dabei werde ich den Vater vergessen, der gern mit eigenen Augen gesehen hätte, wie es der Sohn besser hat, die Mutter, die sich wünschte, daß ich gut gekämmt dem Glück begegne und auch ein Taschentuch bei mir trage. Mit den Schätzen verhält es sich so: Sie liegen in Höhlen, unter Bäumen, unter der Haustreppe, am Ende des Schattens, den das Mondlicht in den Obstgarten wirft. Wer seine Reise nicht unterbricht, findet nie einen Schatz. Man muß auch keine Schule besuchen, nicht Mathematik und nicht fremde Sprachen studieren, um Schätze zu finden. Sie sind für die Faulen bestimmt, die ihr Leben dafür riskieren würden, ohne Anstrengung reich zu werden. Schätze warten auf die, deren Väter sie nicht in den Zug nach Simmern setzen, um es einmal weiter zu bringen. Schätze warten nicht auf die Erschöpften, nicht auf die Heimkehrer. Sie arbeiten sich unendlich langsam aus der Tiefe der Erde heraus, und eines Tages glitzern sie bei einem unter dem Schuh. Unter wessen Schuh? Als der Glückssucher auf seinen Reisen wieder

einmal seine Liebe verloren hatte, fragte er ein verliebtes Paar: Wart ihr schon einmal glücklich? Wir sind immer glücklich, sagten sie beide. Das heißt: Ihr wißt es nicht, meinte er, denn man weiß immer erst nachher, daß man glücklich war. Darum fragte er weiter: Ihr wart noch nie unglücklich? Oh doch, sagten die zwei. Er: Aber nicht richtig. Die beiden: Wir haben Schwein gehabt. Da hatte er sie ertappt: Schwein haben ist nicht glücklich sein.

An der nächsten Station stieg er um.

Erinnerung. Bei einer Altpapiersammlung sollte ich mit anderen Elfjährigen Papierberge für den Endsieg einstampfen. Bücher ohne Einband – oft fehlten Anfang und Ende. Nachts hörten wir die Artillerie von der Ardennenoffensive. Die Schule hatte den Lehrbetrieb eingestellt, und ich saß auf der Kellertreppe und las dem Kriegsende entgegen – in Büchern ohne Titel. In den Romanen lagen Schätze begraben, die sich aus den Tiefen des Silbersees, der Urwaldhöhlen langsam emporgearbeitet hatten. Sie lagen jetzt dicht unter der Kellertreppe, auf der ich weinend die Geschichten las, die kein Ende hatten. Auch Schätze bleiben nicht an den Orten, sie bewegen sich – aber auch sie begeben sich nicht dahin, wo einer auf sie wartet. So sind sie wie das Glück.

Man kann sich nicht aussuchen, wann man geboren wird, und wessen Kind man ist. Glücklich sein kann man nur zu Lebzeiten: auch in der Inflation, in der Weltwirtschaftskrise, während des Krieges, in den Hungerjahren, beim Wirtschaftswunder, zur Zeit der Wiederbewaffnung oder in Zeiten, wo nichts passiert, denn Zukunft gibt es zu allen Zeiten.

Gesichter in Erwartung des nahenden Glücks. Hier die Schabbacher Version, ein bißchen entgleist. Die Erwartung ist immer größer als das, was da kommen kann. Was macht die Mimik so gleich, wo die Zeiten doch so verschieden sind?

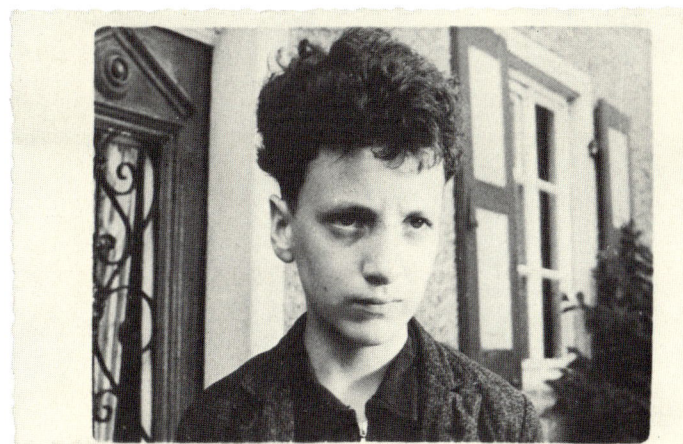

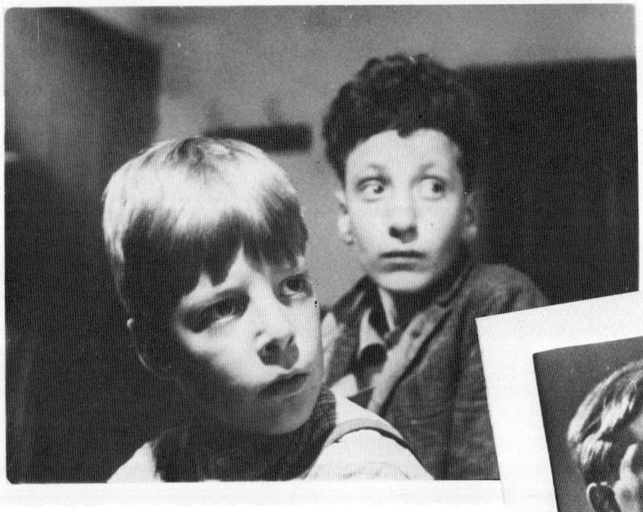

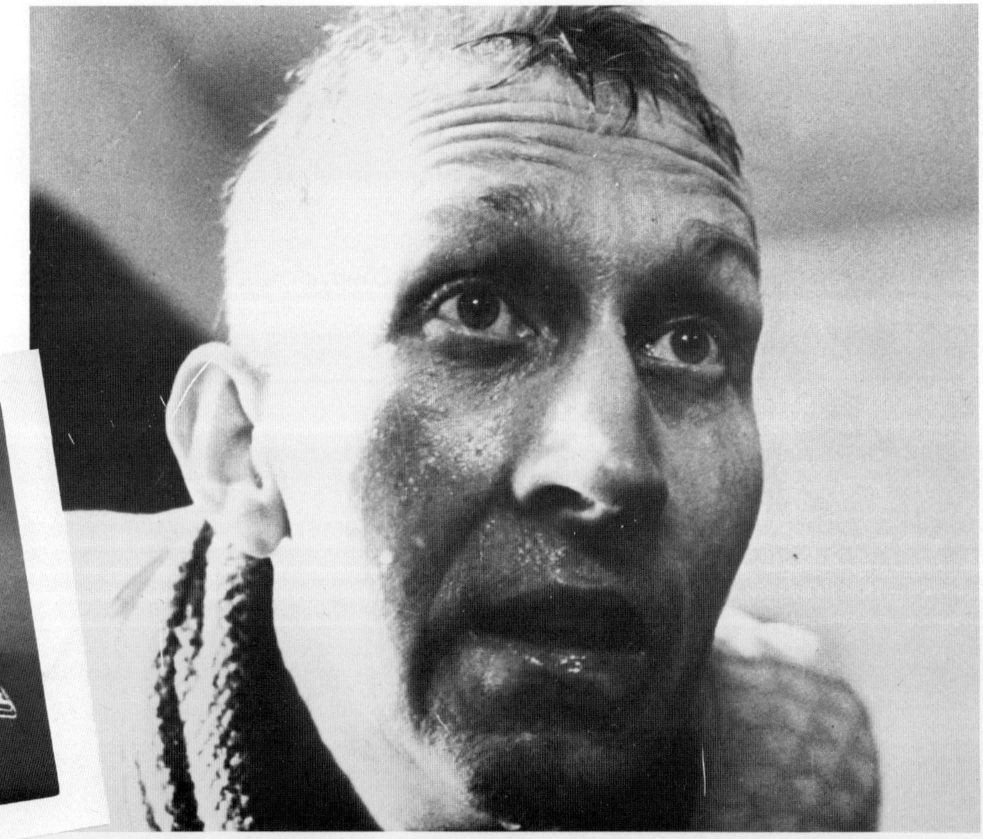

Lucie: «Kiek mal, wie die Jahre an dir gezehrt haben, Edu!» Auch unglücklich wird man nur zu Lebzeiten. Dreißig Jahre sind nicht viel, und an anderen haben sie nicht so gezehrt wie an diesen beiden, die das Glück am gierigsten gesucht haben.

Eduard, der Goldsucher.
In den goldenen zwanziger Jahren begegnet er zwei Ingenieuren vom Geologischen Institut der Universität Bonn, die auf den Hunsrückhöhen eine Autopanne haben. Eduard entdeckt in dem Bonner Auto Gesteinsproben aus seiner Heimat: Mineralien, Erze, Spuren von Gold.
Geht es nicht immer im Leben darum, eins und eins zusammenzuzählen? Warum heißen der Goldbach «Goldbach», der Dukatenbach «Dukatenbach» und der Silbersee «Silbersee»? Und das schon seit tausend Jahren?

Am Goldbach.
Wie man Gold schürft, hat Eduard in einem Buch über den Wilden Westen gelesen. Die Werkzeuge dürfen nicht zu auffällig sein, sonst spricht sich die Sache herum, und die wären imstande und bauten hier eine ganze Stadt auf: «Goldbach-City»!
Aber Omas Mehlsieb, die alte Wachbütt und den Jaucheeimer kann man schon mal mit in die Landschaft nehmen. Schwieriger ist die Frage, wie man die Nuggets unauffällig mit nach Hause bringt. Auf dem Grund des Goldbachs glitzert es wie bei den Ingenieuren in den Schächtelchen.

Goldprobe.
    Wie gut, daß der Schwager Uhrmacher ist! Mit ätzendem Scheidewasser schafft er Gewißheit: Katzengold! «Das sieht zwar goldig aus, ist aber wahrscheinlich Kupferoxyd», verkündet der Fachmann mit der Lupe auf dem Auge. Eduards Glaube ist schwer zu erschüttern: Auch in Kalifornien ist nicht alles Gold, was glänzt.

Das Ball-Lokal «Kaiserhalle», 1927.
    Der Charleston hat den Hunsrück erreicht: ein Hauch von Großstadt. Die Handbewegung des Tänzers in der Mitte des Bildes: «Was kostet das Leben?»

    Selbst wenn die Nuggets in seinem Lederbeutel echt wären – Eduard würde so, wie er heute abend angezogen ist, nicht in das Ballhaus gelassen werden. Schon tanzen seine Augen mit. Bis zu den schönen Frauen sind es aber unüberwindliche vier Meter.

Trost.
    Die beiden Stallhasen werden an diesem Sonntag im Freien gebraten. Die schicken Freunde Schorsch und Julius. Eduard zieht an der Schnur. «Klick» macht die Holzkamera und bannt auf ein Negativ (Format 13 × 18) ihn, das Motorrad, die Freunde, den schönen Tag und die Hasen. So kann man von den Hasen noch etwas haben, wenn man sie schon gegessen hat!

Der Brief aus Berlin.
«Liebe Mutter!
Ich habe durch einen glücklichen Zu-
fall eine Frau gefunden, auf die Ihr
stolz sein werdet. Als geborene Berlinerin ist sie von stolzem Wuchs und
eleganter Haltung. Verstand hat sie
auch. Lucie stammt aus den besten
Kreisen der Reichshauptstadt. Sie hat
Vermögen und ein Auto, in dem wir
am Sonntag, dem 9. April, bei Euch
eintreffen werden. Bitte nehmt sie jetzt
schon im Kreise der Familie auf, denn
die Heirat hat mich gesund gemacht.
Ist es nicht schön, daß wir in Zeiten
leben, in denen die Herkunft keine
Rolle mehr spielt und wo alles wieder
aufwärts geht.
Viele Grüße!
Euer Eduard.»

Der Außenscheinwerfer hat auf der Rückseite einen runden Spiegel für die elegante Chauffeuse. Eine Minute später betritt sie zum erstenmal Schabbacher Boden – ein Revier, das noch unschuldig ist.
«Hier ist noch nischt geloofen, und wenn ick hier wat zum Loofen bringe, dann looft hier och wat!» verkündet sie.

Lucies Villa hat zweiundfünfzig Fenster. So eine Villa hat sie als Kind während der Sommerfrische auf Usedom gesehen. Da war sie acht Jahre alt. Seitdem hat sie davon geträumt, einmal Herrin in einem Schloß zu sein.

45

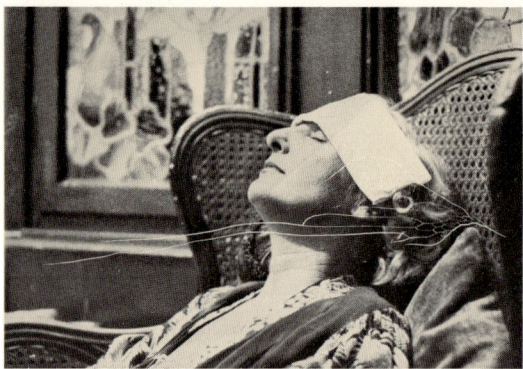

Haben und Soll.
    Eduard auf seinem
Posten als Amtsbürger-
meister. Seit Monaten faselt
er von seiner Fotoausstel-
lung unter der Schirmherr-
schaft des Gauleiters Simon.
Aber der Schirmherr meldet
sich nicht. Hinter Eduards
Kopf, halb verdeckt, das
Elternhaus mit Schmiede im
Goldrahmen. Darüber das
Kruzifix, hängt dort seit
1907. Noch höher der Füh-
rer. Eduards bestimmter
Blick geht ins Leere.
Wird er Lucies Rechnung
bezahlen können? Oder be-
zahlen sich solche Rechnun-
gen mit der Zeit von selbst?
Oder bezahlt die Zeit die
Rechnung?

    Die Villa ist wie ein Hafen, der auf die
großen Schiffe wartet. Aber die bleiben
aus. Lucie fühlt sich so, wie man sie hier
liegen sieht: unausgefüllt wie das Haus.
«Allet müssen wir Frauen alleene machen,
allet!»
Das klingt in Marias Ohren nicht wie eine
Klage, sondern wie eine Drohung.

Das Auf und Ab des Lebens: Jetzt wird Lucies Villa «ein Blumenbeet im Monat Mai»! Der fesche Wilfried, SS-Mann, kehrt aus Berlin zurück. Kurz darauf sind die Herren aus der Umgebung des Führers vier Stunden lang Gäste des Hauses. «Die sind alle so reizend! Der Herr Reichsleiter hat mir ein süßes Kompliment gemacht: Er hat mir gesagt, ick hab ein Flair von Welt!»

Nachher.
     Die Wurst- und Käsehäppchen müssen Lucie und Edu anschließend allein essen. Eduard am Spülstein entwickelt Rollfilme. Lucie wärmt die Füße am aufgeklappten Backofen, trinkt den Wein aus der Kaffeetasse. Wenn Eduard doch nur eine Aufgabe hätte! Zum Beispiel eine Katastrophe – dann könnte er eine Rettung organisieren und würde in allen Zeitungen stehen. Aber im Hunsrück passiert nichts. «Nichts, woran ein Mensch mal wachsen kann!»

Lucies Eltern im Auto auf der Fahrt in den Hunsrück.

Fünf Jahre lang hat sie ihre Eltern nicht gesehen. Und die hätten es doch verdient, in der Villa zu wohnen! Wo es da die vielen leeren Zimmer gibt!

Beerdigung der Eltern nach dem
Autounfall, der auf der Rückfahrt kurz
vor Schabbach passiert war.

Die Narbe in Lucies
Gesicht, kurz nach Weih-
nachten, drei Jahre
später.

49

1946.
Lucies Villa als «Headquarter». Obwohl der Hunsrück zur französischen Besatzungszone gehört, bleiben amerikanische Einheiten an manchen Orten für besondere Aufgaben stationiert. Lucies Wäscheleine, vom kleineren Nebenhaus zum Haupteingang gespannt, dient der Kontaktaufnahme. Die Nylons stammen aus amerikanischen Beständen.

Unser Sergeant. Lucie hat jetzt mit den Amis «wat zum Loofen gebracht». An ihrem Hut das Sternenbanner aus Papier, damals achtundvierzig Sterne.

Lucie ist gut über den Krieg gekommen. Die Narbe hat sie noch aus Friedenszeiten von dem schweren Unfall, bei dem sie ihre Eltern verlor. Die waren tot, und ihre Schönheit war dahin. Glück im Unglück, daß ihr Auge erhalten blieb. Kaum zu glauben, daß das erst sechs Jahre her ist. (War der Krieg wirklich so kurz?)

Das Narbengewebe verbesserte sich in den Aufschwungjahren noch.

KAPITEL 5

NEUE ZEITEN

Nie kann er mal einen Sender stehen lassen und in Ruhe Radio hören. Sofort beginnt er an den Knöpfen zu drehen, den Apparat aufzuschrauben, und im Nu hat er ihn zerlegt. Mit einem Radiobastler kann einer nicht Radio hören.»

Das erste Bild erinnert mich an die schmalen Uhrmacherhände des Vaters. Sie suchen im Schein der Arbeitslampe in der Werktischschublade, finden verbogene Blechteile, Drahtknäuel, Lötfett, Schrauben, Stifte, Buchsen, Stecker, Spulen. Wörter begleiten das Geräusch des Kramens und Suchens, Wörter, die mir auch als Bauteile vorkommen oder Beschwörungsformeln: Drehkondensator, Schiebewiderstand, Trimmer, Drossel, Elektrolyt, Gleichrichter, Schwingkreis, Rückkopplung, Gittervorspannung, Heizfaden, Siebkette, Superhet. Nie werde ich diese merkwürdigen Vokabeln vergessen. Sie riechen nach dem schmelzenden Lötzinn, nach der Zauberschublade, in der Vater die winzigen Metallteile aufhebt, nach dem Bohnerwachs, mit dem die Mutter vorher den Werkstattboden gewienert hat – nach Feierabend und Leidenschaft. Seit einigen Wochen war Krieg. Haben wir das überhaupt noch gewußt in der Nacht, als er mit mir, dem Siebenjährigen, den Einröhren-Batterieempfän-

ger baute? Es muß im Oktober gewesen sein, im Oktober 1939. Das ist wahr, denn zu meinem siebten Geburtstag sollte der Apparat fertig sein. Heute weiß ich, was gleichzeitig die Welt bewegte. Aber was tönte aus dem Radio? Ich erinnere mich an Musikfetzen, atmosphärische Störungen, ausgelöst durch ein Herbstgewitter über der Eifel. Der Krieg ist nicht wie die Werkstattlampe, die man ein- oder ausschaltet, die brennt oder nicht – auch nicht wie das Radio, das funktioniert oder nicht. Der Krieg geschieht zwischen ja und nein, findet irgendwie statt oder auch irgendwie nicht. Wie ich mich quäle, mein heutiges Wissen in den Erinnerungen wiederzufinden, in ihnen zu bestätigen! Das Datum löst so etwas aus. Aber da ist wieder nur die Schublade, die heillos vollgestopft ist, in der der Vater immer wieder findet, was er gebrauchen kann. Da ist aber auch der Stolz des Siebenjährigen, der an der nächtlichen Selbstvergessenheit teilnehmen darf, der gemeint ist mit all diesen erwachsenen technischen Wörtern, dem der Vater sorgsam und Teil für Teil erklärt, wie die Gedanken bauen und wo die Hände festhalten müssen. Wir geraten auf schreckliche Umwege, denn wir brauchen um elf Uhr nachts ein passendes Gehäuse, ein Kästchen oder Köfferchen, in das wir unseren Empfänger einbauen wollen.

Daran hat der Vater zu spät gedacht beim Konstruieren und Berechnen der Spannungen und Kapazitäten. Es sollte doch das kleinste Radiogerät werden, das er je gesehen hat, klein genug, daß der Sohn es mit den Spielkameraden ins Indianerwäldchen nehmen könnte. Wir durchsuchen das ganze Haus. Mutters Schmuckkästchen scheint geeignet, wird auch allen Ernstes in Betracht gezogen, aber wir fürchten uns vor ihrem Zorn. Schließlich schläft sie doch schon und kann nicht gefragt werden. Mein Argument, daß sie im Schlaf ja auch nicht nein sagen könnte, hört Vater lächelnd an.

Wir sind wie Diebe, die leise alle Schränke öffnen und schließlich mit Kerzenlicht auf den Speicher klettern, ohne die Mutter, die Schwester, das Dienstmädchen oder den Uhrmachergesellen zu wecken, neben deren Betten und in deren Schränken wir das Gesuchte vorher nicht gefunden haben. Ich erinnere mich an das Gesicht des Vaters. Es war blaß. Ich, der siebenjährige Komplice, könnte ruhiger sein, da ich ja unter väterlichem Schutz handelte.

Zum bevorstehenden Weihnachtsfest sollte meine Schwester ein Puppenköfferchen aus Preßpappe erhalten. Vater holte es unter den sorgsam versteckten Geschenken hervor und kehrte entschlossen lächelnd mit mir in die Werkstatt zurück. Die vorbereiteten Bauteile wurden samt Röhre und Batterie in dem Köfferchen verstaut, sodann in Anordnung und Lage so lange variiert, bis sie in sinnvollen Nachbarschaften alle darin Platz gefunden hatten. Bei dieser Tätigkeit, die rasch und gierig vonstatten ging, vollendete sich auch in meiner Bubenphantasie dieser Einröhrenempfänger als Triumph unserer Erfinderkraft. Der Vater war nicht mehr der Radiobastler, der längst erfundene Geräte nachbaute, in dieser Nacht wurde er für mich der geniale Erbauer des kleinsten transportablen Radios der Welt.

Die Schwester, deren Weihnachtsgeschenk hier verlötet, verschraubt und durchlöchert wurde, war vergessen, auch der am kommenden Morgen anstehende Zorn der Mutter. Wir fertigten eine Zeichnung an, hielten in einem nachträglich angefertigten Bauplan die geniale Konstruktion fest. «Für spätere Generationen», wie ich fand. Vater meinte, daß die Radios in zehn Jahren noch viel kleiner gebaut werden könnten, vielleicht so klein, daß sie in eine Armbanduhr hineinpassen. «Und wo soll dann die Batterie sein?» fragte ich. Vater meinte, die könne man irgendwo unter der Kleidung am Körper verstecken. Unser Gespräch vertiefte solche Ideen. «Vielleicht wird es ein

unsichtbares Radio geben, so klein, daß man es direkt im Ohr unterbringt oder im Hut?»
Währenddessen hat Vater gelötet, gebohrt, verschraubt, justiert – Tätigkeiten, die den Wettlauf mit dem Uhrzeiger antraten, der auf die Morgenstunden zulief. Daß Zeit so davonrasen kann, habe ich später nur noch bei der Liebe kennengelernt.

Ich weiß nicht, ob Radio Luxemburg im Oktober 1939 ein «Feindsender» war, den man nicht hören durfte – jedenfalls empfingen wir den Guten-Morgen-Gruß von diesem Sender auf Langwelle, noch bevor die Mutter aufwachte und uns Radioerfinder hätte lächerlich machen können. Es war ein leiser Jubel in den übernächtigten Augen des Vaters. Es funktioniert! Morgen werden wir die Skala beschriften, die Montageplatte schön mit Glanzpapier bekleben und ein Typenschild anbringen: Einröhren-Koffergerät Nr. 1, Erbauer Edgar und Robert Reitz. Mit Ortsangabe und Stromaufnahme in Watt. (Das wollte Vater noch nachmessen.)

Wenn das Gedächtnis meiner Mutter sich nicht in den Jahren irrt, bin ich in diesen Tagen an Diphtherie erkrankt und wäre am siebten Geburtstag fast gestorben. Die Fieberträume und Erstickungsanfälle habe ich wohl in Erinnerung, aber die stehen in keinem Zusammenhang mit diesem Köfferchen-Radio und auch nicht mit dieser durchwachten Kriegsnacht in der ungeheizten Uhrmacherwerkstatt.

Nachtrag:

Der Kleinempfänger benötigte, um überhaupt zu funktionieren, den Anschluß an eine gute Hochantenne und eine Erdleitung. Diese Erkenntnis beunruhigte Vater und mich seit unserem Empfangsversuch in einer nassen Märzwiese.

Für das Erfinden war kein Ende abzusehen.

Wiegand.
　　Immer mußte er das Neueste haben. Als erster im Dorf ein Motorrad, Marke NSU, Baujahr 1910, mit Keilriemen: «Paul, so ein Radio, wie man es auf den Bildern sieht, ist das teuer?» fragte der Angeber. Am Ende des Gesprächs hatte sich der Auspuffqualm im Dorf noch nicht verzogen.

Nach dem Kirchgang 1924. (Bessere Zeiten)
　　«Wilfried, da, wo du sitzt, sitzen bei den feineren Herrschaften die Hunde. Wau, wau.»

Opel, Baujahr 1920.
　　Inflationsmodell, nur mit Dollars zu bezahlen. Gangschaltung und Handbremse liegen auf der rechten Wagenseite außen. Wiegand stolz am Steuer mit Familie, dicht gefolgt von Glasisch-Karl auf dem Fahrrad. Nachteil des Radfahrens: Staub schlucken.

Backtag, 10. April 1933.
　　Drei Autos im Hof. Schon wieder eine neue Zeit. Was sich nicht so schnell verändert, ist die Hygiene. Links neben dem Misthaufen das Klohäuschen. (Achtung: am linken Bildrand die Zeigefinger von Regisseur und Kameramann. Inszeniert hier die Gegenwart die Vergangenheit oder die Vergangenheit die Gegenwart?)

«Dixie» 1932, die Nummer I A.
Am Steuer die Sächsin Martina, ein Liedchen trällernd, auf dem Weg in den Hunsrück.

Vorkriegszeit.
Ein Adler, Baujahr 1932, Eigentümerin Pauline (winkend), ein Opel, Baujahr 1933, Eigentümer Wiegand, daneben sein Sohn, Hitlerjunge Wilfried. Das Kriegerdenkmal links, in der Rückenansicht scheinbar ohne Kopf.
Der steinerne Soldat senkt den Kopf in Trauer sehr tief.

VW Kübelwagen.
Die Kriegsversion des Volkswagens aus Wolfsburg. Für die Friedensversion, die nie ausgeliefert wurde, hatten Hunderttausende in Deutschland Sparverträge abgeschlossen. Hier als Fahrzeug eines Kamerateams der Propagandakompanie in Rußland 1943.

«DKW Meisterklasse».
Sehr populäres Auto, Vorkriegsmodell. Seitenteile aus Sperrholz, unverwüstlich. Ingenieur Otto Wohlleben: «Ein schöner Tag heute.» Maria am Fenster: «Da müßte man verreisen können.» (Beginn einer neuen Liebe.)

Amerikanischer «Dodge»-Mannschafts-
wagen.
    In den Wiesen von Schabbach. Links,
Blumen gegen Kaugummi tauschend, die
blonde Lotti.

Gleich daneben:
    Ausgebrannter deutscher Militär-
Lkw. Gleiche Wiese, gleicher Frühling. Im
Schatten des Fahrzeugs Hermännchen auf
der Suche nach deutschen Überresten.

Im Wagen stehend: Lucie mit Söhn-
chen Horst und *ihrem* Sergeant.

Der amerikanische Jeep.
    Fünfundzwanzig Liter himbeersaft-
rotes Benzin auf hundert Kilometer
(wenn's langt). Aber die Amis hatten's ja!

1946.

Opel P 3, Vorkriegsmodell mit Holzvergaser, Noterfindung. Buchenholzscheite (10 × 12 × 17 cm) werden in brennbares Gas verwandelt und über Rohre in den Motor geleitet. Die Antriebskraft reicht, um zwei Fahrgäste plus zwanzig Kanister Sprit (Schwarzhandelsware, auf dem Rücksitz) über den Berg zu bringen. Die Tarnung als Behelfswagen ist für die Zulassung des Fahrzeugs erforderlich. Die Abkürzung auf dem Nummernschild «A R» bedeutet: Amerikanische Zone, Rheinland.

Am Steuer Ernst, ehemals Flieger, immer noch nicht unter den Fußgängern.

Straßenkreuzer. Schwebeauto. Ami-schlitten. Mit diesem Packard, mitten im Krieg gebaut, kam Paul über den großen Teich (per Schiff) in die Heimat zurück.

«Is this your car?» fragt Glasisch in Besatzungsenglisch Pauls schwarzen Chauffeur. Das Dorf staunt. Ilse und Helga kommen vor Staunen zu spät in die Schule. Weißwandreifen. «Daß es sowas gibt, wo's nichts mehr gibt!»

1955.
    Es geht aufwärts. Wirtschaftswunder-Auto Mercedes 300. Wenn Anton mit diesem Auto ankam, hieß es: «Ich denk, der Bundeskanzler kommt!» Das war damals Konrad Adenauer. Rechts, mit deutschen Weißwandreifen, Wilfrieds Mercedes. Er verdient mit Landwirtschaftschemikalien, für die er an seiner Hausfront wirbt. Das Fenster, aus dem Wilfried telefonierend schaut, wurde nachträglich vergrößert.

Mercedes 190 SL, Sportwagen, verschrien als «Nitribit-Auto», nach dem Namen einer Frankfurter Nutte. Cremefarbenes Lenkrad, 170 Spitze. Da wäre Hermännchen mit dem Fahrrad nicht nachgekommen.
Ein Bild aus Ernsts besten Zeiten.

Obwohl das Rad doch einen Tacho hatte und bergab seine satten Sechzig schaffte. (Hermann, fünfzehneinhalb, mit Freunden in den Schulferien an der Mosel.)

Jetzt hätte Ernst sich wieder ein Flugzeug leisten können. Als Antiquitätenhändler und Bauernfänger wäre er damit aber nicht so angekommen. Profite machen, ohne zu lächeln. VW Käfer mit geteiltem Heckfenster, fünfziger Jahre, ein Klassiker.

Der Künstler aus
München vor dem Sarg
der Mutter, 1982. Citroën
DS 21 Cabrio (Hermanns
«Göttin», sein französi-
sches weibliches Auto,
jetzt vierzehn Jahre alt,
ein Nervenbündel wie der
Besitzer).
Hermann, der Kompo-
nist, beschloß später, sich
nie mehr in ein Auto zu
verlieben.

RADIO

Zwanziger Jahre, ein Picknick.
    Das Auto, das Radio und die Fotografie. Eine ganz
neue Zeit. Eduard betätigt den Auslöser seiner Kamera
mit Hilfe einer Schnur. Eine zweite Schnur, nicht etwa
eine Schramme im Bild, führt hinter Katharinas Kopf
über den Hals der Marie-Goot nach oben: Zuleitung der
Hochantenne. Wurst, Brot, Butter, Schmalz und Schin-
kenspeck sind noch selbstgemacht wie vor hundert Jahren. «Die Burgruine und das Tal sind wie ein Trichter, da
sammeln sich die Ätherwellen drin» (Radiobastler Paul
mit Weste).

Paul.
    «Wenn ich ein Vöglein wär . . . oder
eine Ätherwelle – siebenmal in der Sekun-
de um die Welt.»
(Mit diesem Trichter hatte Paul bereits
1923 Fernempfang.)

<u>Originaldokumente.</u>
Mein Vater war Radiobastler wie Paul im Film. Ob er wie Paul vom Weggehen träumte, weiß ich nicht. Eine Waldlichtung im Hunsrück. (E. Reitz)

Postkarte, die ein Witzbold an den Vater schrieb. «Im Zeichen des Radiot» – das «t» wurde von Hand eingefügt. Mit diesen Bildern fing die Arbeit an HEIMAT an. (E. Reitz)

Radiohören im Krieg. Volksempfänger. Schwarzhören. Feindsender. Der Wehrmachtsbericht aus dem Führerhauptquartier zum Mitschreiben. Das Wunschkonzert für die deutsche Wehrmacht. Der Führer spricht. Ilse Werner sagt: «Liebe Jungs . . .» «Heimat, deine Sterne . . .» (ein Sänger namens Strienz). «Hier spricht der Großdeutsche Rundfunk» (öffentlich-rechtliche Anstalt wie heute). Wellensalat, Störsender. Was würde geschehen, wenn Paul ein Vöglein wär? Aber er ist in Amerika und in Sicherheit.

<u>Martha.</u>
Wo liegt eigentlich Beromünster? Ist das in Tirol? (Simons Radio hat schon die Skala mit dem AFN drauf, 1946.)

Radio im Zeitalter des
Fernsehens. 1965. In einem
Studio für elektronische
Musik im Südwestfunk.
Avantgardemusik aus dem
Radio. Das Feinste vom
Feinen. Der Daddy aus
Amerika hat's bezahlt, ein
Philosoph aus Frankfurt die
Theorie geliefert.

Stereoempfang in der Wirtsstube von Schabbach.
«Aber Herbert, du mußt die Lautsprecher weiter ausein-
anderstellen!» Herbert schiebt seine Wurstfinger
zwischen die Lautsprecher und schafft Abstand.
Doch so wird Hermanns Musik nicht verständlicher.

TELEFONIEREN

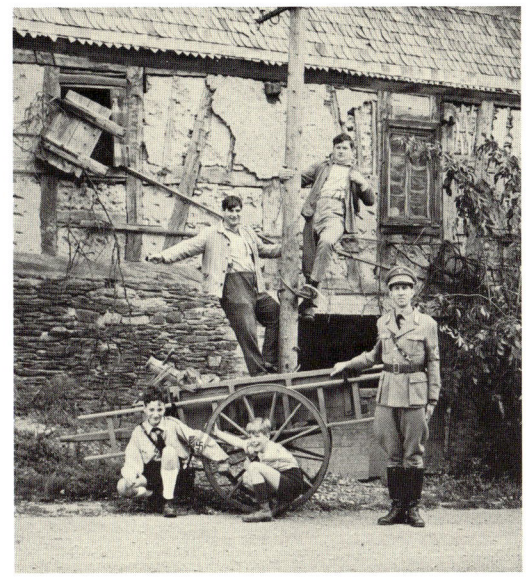

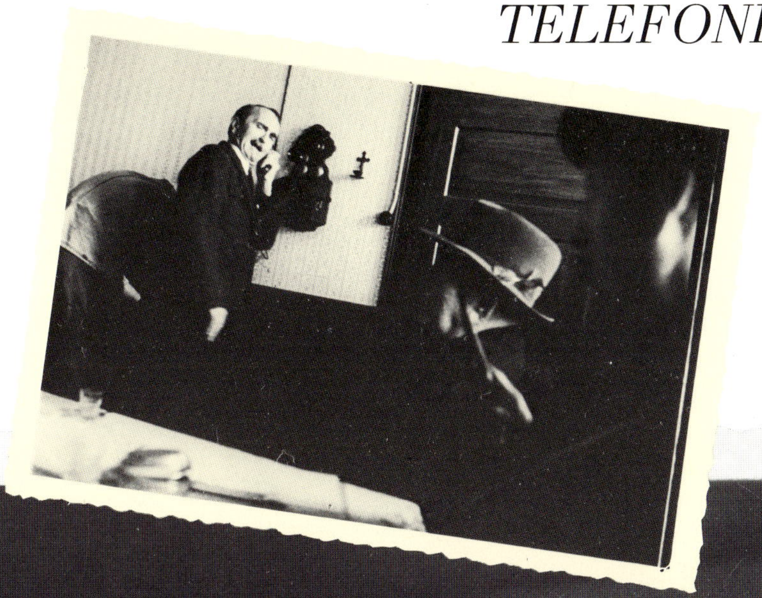

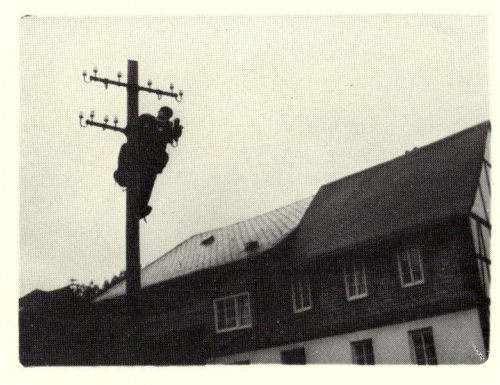

1933 Bau der Telefonleitung: «Ein Netz, das das ganze Europa umspannt!» Schabbach wird mit der Welt verbunden.

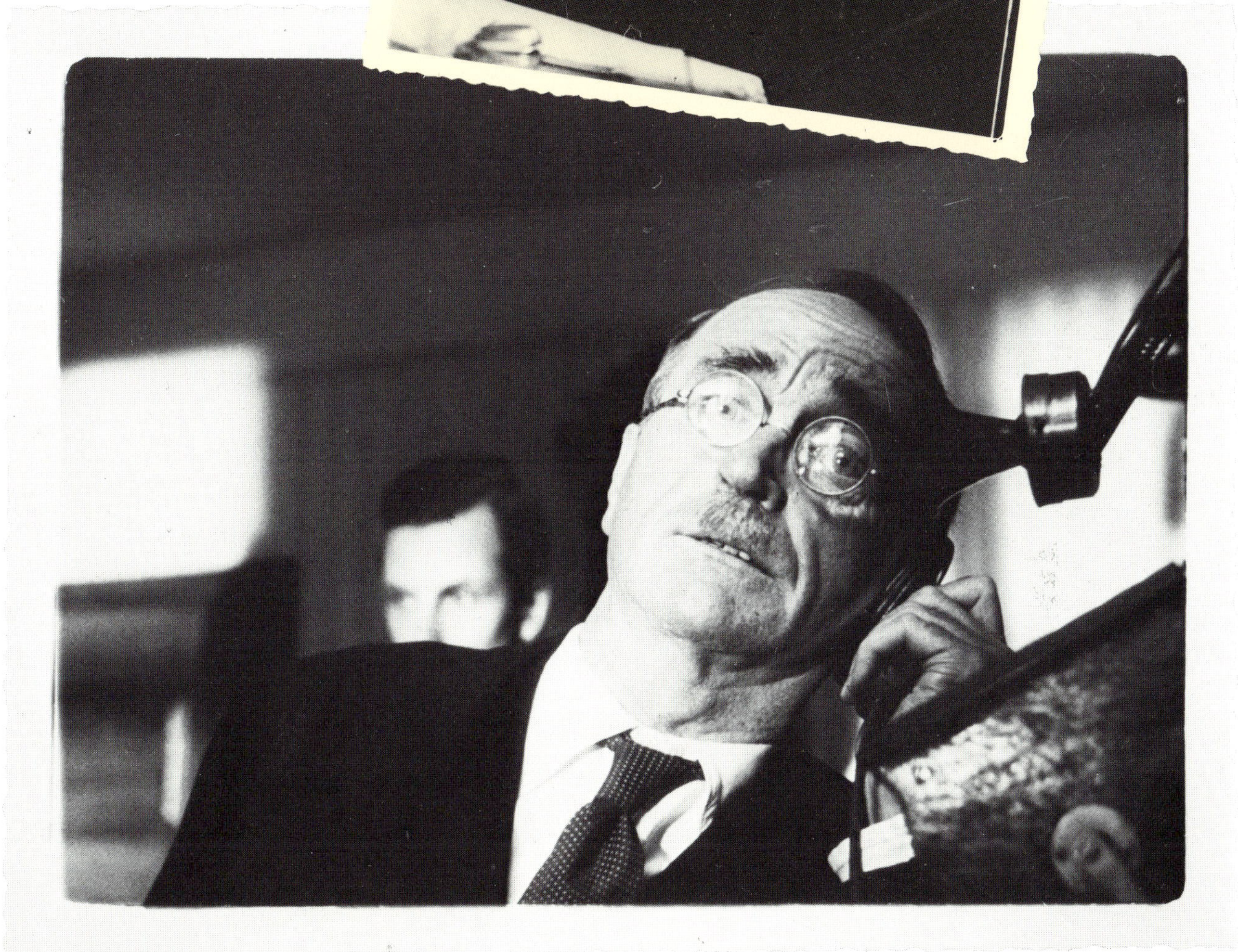

Bürgermeister Wiegand:
«Hallo, Wilfried, mir han jetzt ein Telefon in der Stub. Es hängt links neben der Tür, an der Wand, wo's Büfett steht . . . Wie geht's denn in Berlin? Erzähl doch mal ein bißchen!»
Postbeamter: «Schreien Sie doch nicht so!»

Eine Ferntrauung.

    Anton an der Front wird mit Martha in der Heimat über das Telefon verbunden.

Martha: «Ich hab ‹ja› gesagt, und dein Ja haben sie mir vorgelesen.»

Anton: «Die haben hier Kameras. Die Kameraden leuchten mich ein.»

Die Szene wird für die Kriegswochenschau gefilmt.

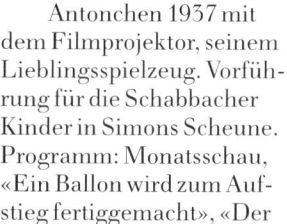

Antonchen 1937 mit dem Filmprojektor, seinem Lieblingsspielzeug. Vorführung für die Schabbacher Kinder in Simons Scheune. Programm: Monatsschau, «Ein Ballon wird zum Aufstieg fertiggemacht», «Der Führer erweist seinen Getreuen die letzte Ehre», «Negertanz in Kamerun», «Über das Leben der Bienen», «Olympiade 1936 – Schwimmen». Zeichentrickfilm: «Turner am Barren». Sieht vorwärts wie rückwärts aus.
Diese Spielzeugprojektoren gab es sogar für 35-Millimeter-Kinofilm mit Elektromotor und Licht-Ton-Zusatz.
Maria: «So lernen die Kinder die Technik. Das ist wichtiger als das Antreten und das Marschieren.»

<u>Frontkino.</u>
Endlich ein richtiger Kinoprojektor für Anton!

Ostfront 1943.
Anton (rechts) als Kameraassistent bei der Propagandakompanie.

Die Spule mit der neuesten Wochenschau. In der linken Hand die Wochenschaukamera «Arriflex» (deutsche Wertarbeit aus München).

Hauptmann Zielke, ein Künstler in Uniform: «Daß sich das Kriegsgeschehen mit einer größeren Gewalt in die Seelen der Menschen einprägt, als es die Kraft der eigenen Augen vermag! Der Künstler sieht die Dinge mit seiner eigenen persönlichen Eingebung.» (Zielke zitiert Dr. Goebbels.)

Was die weit geöffneten
Augen sehen: Die Zarah mit
verschleiertem Blick.

Kino an der Heimatfront.
Oben Mitte der Projektionsstrahl über den Köpfen.
Die Mütter mit weit geöffneten Augen.

FOTOGRAFIE

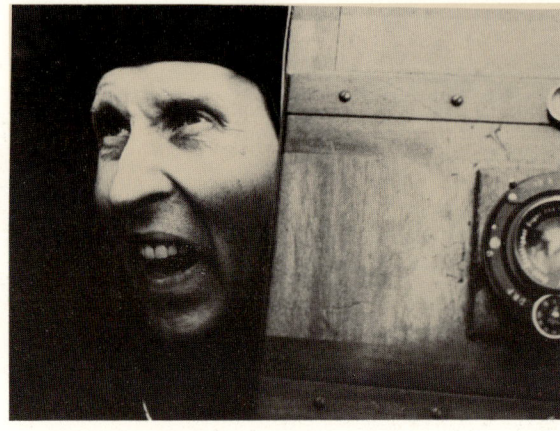

Von Anfang an: hier 1919 mit Holz-
kamera. «Achtung! Nicht wackeln! Luft
anhalten, 21 – 22, man dankt!»

Eduard war einer der ersten, der eine
Leica besaß. Durch diese Kamera, gleichzeitig ein Symbol für deutsche Wertarbeit,
wurde die Kleinbildfotografie populär.

Das Produkt ist noch unscharf: Marie-
Goot beim Wäschebleichen auf der Simon-
wiese.

«Unser Eduard hat das alles fotografiert!»

Baustelle der Hunsrück-Höhenstraße 1938.
Das hydraulische Stampfgerät (vorne links) hieß in der Sprache der Kinder «Frosch». Die beiden Buben rechts machen das Froschspiel: Wenn der hintere mit seinen Fingern in die Ellbogen des vorderen kneipt, hüpft dieser wie das Stampfgerät. Anton mit Eduards Plattenkamera (Baujahr 1924) vor der Dampfwalze.
1944 waren drei der fünf abgebildeten Schabbacher Buben an der Ostfront gefallen.

Den Fotografen fotografieren. Hier der vierzehnjährige Anton mit Eduards Edelholzkamera.
Antons Aufnahme hat den Titel: «Eine Erinnerung an gerade eben.»

Dreihundertachtzig Millionen Jahre haben sich diese Schieferbrocken seit der Devonzeit nicht bewegt. Jetzt müssen sie weichen!
Die Männer aus Thüringen und Sachsen schaffen, was keiner für möglich hielt, in einem Jahr: hundertzwanzig Kilometer Autostraße von der Grenze bis ins Reich.

Zweck der Veranstaltung: West-
wallbau. Nebeneffekt: persönliches
Glück.

Maria.

Ingenieur Otto Wohlleben.

Hermännchen, der
gemeinsame Sohn, sech-
zehn Jahre später mit
Selbstauslöser. Nur die
Kamera war Zeuge.

DIE FLIEGEREI

Der berühmte Schulgleiter SG 38 der Hitlerjugend auf der Wasserkuppe/Rhön.

«Die Flieger sind die wahren Helden!»
Einer von ihnen (Mister Windhauser aus USA) hat sich in der Luft verirrt und ist direkt in Simons Gerstenfeld gelandet. Das war nach dem Weltkrieg, im Juli 1921. Paul, der Fernwehkranke, durfte am nächsten Tag mitfahren durch die Luft und Schabbach von oben sehen.

1938. Ein schöner Tag im Sommer.
Onkel Otto hat mit ihm die ganze Nacht gebastelt. Feuchtes Spannpapier, die Fingerkuppen mit Alleskleber-Kruste. «Bitte recht freundlich!» sagt die Stimme des Leica-besitzenden Eduard. Am liebsten würde Ernstchen sich in seinen Segelflieger reinsetzen und wegfliegen.

Ernst als Fähnrich bei der Luftwaffe, nur fünf Jahre danach. «Landeklappen ausfahren, Gas weg, in fünfzig Meter Höhe ‹ranmogeln›, Herr Major!»

So lernt Ernst fliegen. Erster Feindeinsatz 1943 über Frankreich (Flugzeugtyp Fw 190).

Anflug zum Nelkenabwurf, Januar 1944.
Ernst «mogelt sich ran» (Langsamflug steht im Ausbildungsprogramm).
Marie-Goot: «Der hätt' ja die Kirchturmspitze mitnehmen können!»
Wiegand: «Unser Ernstchen sitzt fest im Sattel!»
«Blumenstrauß sitzt genau in der Zwölf, Herr Major!»
Ganz rechts seine Mutter. War das ihr Junge?

«Der Krieg ist eben
doch der Vater aller Dinge.
Da haben wir's doch gelernt,
Transportprobleme zu be-
wältigen!»
So ruiniert Ernst, der Flieger, seinen Schwiegervater,
den Holzkönig von Trar-
bach.

Einen ganzen Nibelungenhort hat er dafür bezahlt.
Ernst in seiner «Kaffeemühle», einem Helikopter des
Typs Sikorsky, 1955.

Der Hunsrück, 1980. Hundert Kilometer lang, zwanzig Kilometer breit, dreihundertsechzig Dörfer, keine größere Stadt. Die Phantomjäger der Bundeswehr brauchen zur Überquerung drei Minuten. Der römische Reiseschriftsteller Nausonius durchquerte den Hunsrück im Jahr 8 nach Christus in drei Wochen, ohne daß er sich irgendwo länger aufgehalten hätte.

KAPITEL 6

AUF UND DAVON UND ZURÜCK

Was ist der Unterschied zwischen Leuten, die die Heimat verlassen und denen, die dort bleiben? Als Kinder sind sie noch ziemlich gleich. Man lebt in einer Welt, in der alles schon vorhanden ist, womit man zurechtkommen muß. Das Ziel aller persönlichen Anstrengungen ist, Anerkennung und Achtung, vielleicht sogar Liebe bei denen zu erwerben, die man täglich vor sich sieht: der Familie, den Nachbarn, dem Dorf, den Leuten, mit denen das Dorf in anderen benachbarten Dörfern verkehrt. Das sind die Orientierungen. Dies alles sind feste, kaum fluktuierende Verhältnisse. Bei den Bauern kommt hinzu, daß sie sich seit Generationen an bestimmten Orten befinden. Es wäre für den Bauern absurd, unvorstellbar, woanders als dort zu leben, wo man seine Äcker hat, wo das Haus steht, wo die Familie lebt, die zur Hilfe bei allen Arbeiten und Aktivitäten verpflichtet ist. Was man sät und pflanzt, gedeiht nur so gut, wie es die Natur zuläßt, wie es der Zeitpunkt zuläßt, zu dem gesät wird. Und diese Natur ist nur hier und nur an diesem Ort und nur in diesem Jahr so, wie sie sich zeigt. Manchmal friedvoll, der Feldfrucht gewogen, manchmal bösartig gegen den Bauern gerichtet. Ob man in einem fruchtbaren, milden Land lebt oder in rauhen, wechselhaften Gegen-

den wie dem Hunsrück, das ändert nichts an diesem unveränderbaren Zustand. Wenn man persönlich noch etwas mehr tun will, tut man das im Hinblick auf die Gemeinschaft, in der man lebt. Durch Fleiß und Bedacht erwirbt man Achtung und Anerkennung. Die einzigen Werte, die man versteht und auf die man sich beruft, sind der Hof, das Land, der Besitz an Maschinen, Hilfsmitteln, vor allem aber die Familie und ihre Arbeitskraft.

Nie könnte ein Bauer denken, daß man auf all dies verzichten kann. Zumindest nicht, wenn er Bauer bleiben will. Und deshalb denkt er auch nicht über sich selbst als Person nach in dem Sinn, wie es die Städter tun, daß er sich fragt, was bin *ich* wert? Wenn einer aus diesem Milieu weggehen will, wird ihm als erstes klar, daß er nichts von all dem mitnehmen kann, was das Lebensgefühl des Bauern und seiner Familie ausmacht. Ort, Hof, Felder, Wissen vom Umgang mit dieser Erde, diesen Menschen, Freund und Feind, alles was Lebensinhalt war, kann man nicht mitnehmen. Was kann einer, der weggeht, nun überhaupt noch mitnehmen? Was gibt ihm die Hoffnung aufs Überleben? Es gibt nur eine Antwort: Er sieht die Chance zum Überleben *in sich selbst*. Er ist gezwungen, sich selbst als Wert zu setzen, sich selbst als eine Energie oder eine Ware anzusehen, die man in der Welt verkaufen kann. Die Bauernsöhne und -töchter, die die Dörfer verlassen haben, weil die Höfe die vielen Kinder nicht ernähren konnten, mußten so denken, mußten zum Beispiel als Arbeiter in der Industrie ihre Arbeitskraft vermarkten. Zwangsläufig wurden sie sich selbst zur verkäuflichen Ware und gingen, aus dem Hunsrück kommend, in die Bergwerke im Ruhrgebiet, im Saarland, oder die Frauen gingen «in Stellung» oder auf den Strich. Folge dieser Logik: nichts als sich selbst zu besitzen, um es zu verkaufen. Die Begabteren, die Geschickteren unter diesen Weggehern, werden nur die geschickteren Händler mit der Ware «Ich». (Ich sollte mich nicht scheuen, diesen Zusammenhang auch bei mir zu sehen.) Die Bauern haben früher meist ihre Kinder ausgezahlt, sie mit etwas Geld auf den Weg geschickt, die anderen, solche wie meine Eltern, haben ihre Kinder die besseren Schulen besuchen lassen, sie so mit «Reisegeld» ausgestattet.

Was die Leute aber aus den Dörfern getrieben hat, ist bestimmt nicht die Not gewesen. Es ist oft die Kunde, die man von Glückskarrieren erhalten hat, von denen, die mit nichts als sich selbst weggezogen sind und es zu Reichtum und Ansehen gebracht haben. Beides, Reichtum und Ansehen, sind aber nach Vorstellungen der Dörfler ganz andere Werte als das, was die Betreffenden, die weggehen, draußen erwerben. Die «Weggeher» machen eine individuelle Karriere, bei der es um die bemerkenswerte Leistung des einzelnen geht. Amerika ist das beste Beispiel, um zu zeigen, wie diese neue, die zweite Kultur auf der Welt entsteht, die Kultur der Emigranten, der Weggegangenen. Grundmaxime unter ihnen bleibt das Individuelle, das Selbstwertgefühl. Eine neue Gesellschaft von Menschen, die nur sich selbst als Ware anzubieten haben und so Konkurrenz auf Leben und Tod treiben. Was diese vielen Individuen hervorbringen an Fähigkeiten, Erfindungen, Produkten, dient ausschließlich dem Handel, der immer neue, auffällige Angebote verlangt, der alles mit einer gemeinsamen Umgangssprache des Handels verbindet. Es ist eines der großen Wunder der letzten zwei Jahrhunderte, daß sich so eine vielfältige, weltverbindende, neue Kultur entwickelt hat: Literatur, Schlager, Gebrauchsgüter, bis hin zur Philosophie. Es entsteht eine international kommunizierbare Emigrantenkultur. Was hier nicht die Sprache der Konkurrenz spricht, geht unter. Amerika ist das Vorbild der kleinen Auswanderungsgebiete und der europäischen Industriezentren. Es wäre gegen diese Entwicklung nichts einzuwenden, wenn der Amerikanismus nicht überall die ursprüngliche, die bäuerliche Dialektkultur zerstören würde. Da er aber immer neue, ausgedehntere Märkte braucht, müssen die Landbewohner dazu erzogen werden, an der internationalen Emigrantenkultur teilzunehmen, sie zumindest zu konsumieren.

Ein besonders effektives Mittel dazu ist das Fernsehen, selbst ein Medium, das sich in den Händen der Weggeher befindet und die überregionale Sprache der Konkurrenz und des Individualismus spricht. Was wurde aus diesen Bauerndörfern, dreißig Jahre lang von diesem fremden Programm berieselt? Welche Kräfte nimmt die Emigrantenkultur nicht in sich auf? Es gibt ländliche Fähigkeiten: sich zu bescheiden, das Verhältnis zur Natur, die persönliche Demut, die sich nur über Generationen hinaus positiv auswirkt, nämlich als Fähigkeit zu überleben. Das paßt nicht in das Leben der Superindividuen, die die neue Welt oder die neue Kultur verlangt.

Als Paul die Heimat verließ, war das einzige, das er mitnehmen konnte, er selbst. Mit diesem Reisegeld ausgestattet, gelangte er bis Amerika.

Als er vom Heimweh getrieben in das Dorf zurückkehrte, wünschte er sich, daß alles im Dornröschenschlaf liegt. Daß die Eltern noch leben und daß seine Hausschuhe noch vor dem Bett stehen.

Fernweh.

Das ist ein Gefühl, das man seinen Lieben nicht zeigen darf. «Wo bist du schon wieder mit deinen Gedanken?» fragt Katharina und kann sich nicht vorstellen, daß die Füße eines Tages hinter den Gedanken herlaufen wollen. Als man dreißig Jahre später die Porträts von Paul im Album findet, sagt seine Schwester: «Guck mal seine Augen!»

KAPITEL 7

UNSER AMERIKANER

"Ich bin zurückgekehrt, ich habe den Flur durchschritten und blicke mich um. Es ist meines Vaters alter Hof. Die Pfütze in der Mitte. Altes, unbrauchbares Gerät, ineinanderverfahren, verstellt den Weg zur Bodentreppe. Die Katze lauert auf dem Geländer. Ein zerrissenes Tuch, einmal im Spiel um eine Stange gewunden, hebt sich im Wind. Ich bin angekommen. Wer wird mich empfangen? Wer wartet hinter der Tür in der Küche? Rauch kommt aus dem Schornstein, der Kaffee zum Abendessen wird gekocht. Ist dir heimlich, fühlst du dich zu Hause? Ich weiß es nicht, ich bin sehr unsicher. Meines Vaters Haus ist es, aber kalt steht Stück neben Stück, als wäre jedes mit seinen eigenen Angelegenheiten beschäftigt, die ich teils vergessen habe, teils niemals kannte. Was kann ich ihnen nützen, was bin ich ihnen und sei ich auch des Vaters, des alten Landwirts Sohn. Und ich wage nicht, an der Küchentür zu klopfen, nur von der Ferne horche ich, nur von der Ferne horche ich stehend, nicht so, daß ich als Horcher überrascht werden könnte. Und weil ich von der Ferne horche, erhorche ich nichts, nur einen leichten Uhrenschlag höre ich oder glaube ihn vielleicht nur zu hören, herüber aus den Kindertagen. Was sonst in der Küche geschieht, ist das Geheimnis der dort Sitzenden, das sie vor mir wahren. Je länger man vor der Tür zögert, desto fremder wird man. Wie wäre es, wenn jetzt jemand die Tür öffnete und mich etwas fragte. Wäre ich dann nicht selbst einer, der sein Geheimnis wahren will."

FRANZ KAFKA, HEIMKEHR
Sämtliche Erzählungen
Fischer Verlag, Frankfurt am Main 1969

Diesen Packard hat er als Reisegepäck mitgebracht.
Detroit – New York – Bremerhaven – Schabbach. Die
letzten Meter ging Paul aber zu Fuß, so wie damals, als
er das Dorf ohne Gepäck verließ.

Schabbach
Krs. Bernkastel
Rg. Bz. Trier

Dieses Bild ist für die Eingangshalle seines Büro-
trakts in Detroit bestimmt. «Der Firmengründer in Old
Germany». Das Foto ließ er seinen schwarzen Chauffeur
Joseph E. Johns eine Woche nach seinem Einmarsch in
Schabbach knipsen.

Ganz Schabbach bestaunt Pauls
Straßenkreuzer.
Der Amerikaner vor dem deutschen El-
ternhaus. Für Paul ganz privat ein Bild zum
Weinen, wenn Amerika das Land der
Träume bliebe.

Mit diesem Auto hätte er es in Schabbach nicht nötig gehabt, den Hut auch noch im Haus auf dem Kopf zu behalten. Aber vor zwanzig Jahren, als er weglief, ging er auch mit Hut. Was damals niemand wußte: Er hat immer einen kühlen Kopf behalten.

1946.

Lucie verdrängt ihre Erinnerungen. «Wenn wir gewußt hätten, was für Verbrechern wir damals die Hände geschüttelt haben ... Das waren doch Götter für uns! Stell dir vor, die hätten sich angewöhnt, bei uns ein- und auszugehen – da wär ich doch glatt um den Schlaf gebracht!» (Lucie meint die Nazigrößen Rosenberg, Frick und Ley, die beinah einmal ihre Gäste waren.) Paul, ihr *neuer* Gott, ist amerikanischer Staatsbürger.

Im Anzug auf dem Bett in das Elternhaus hineinlauschen: Auch der Amerikaner hat Erinnerungen.
Schon in der ersten Stunde spürt Paul, daß es ihm nichts nützt, eine Fabrik in Detroit zu besitzen.

Wieder im Kreis der Familie. Seine Mutter fragt den Heimgekehrten: «Was hast du in Amerika gemacht, wenn du Sorgen hattest und keiner da war, der dir einen Rat geben konnte? Kein Vater, keine Mutter, kein Bruder, keine Schwester? Ist das nicht furchtbar? Aber jetzt bist du ja wieder daheim!»

Seine Schwester Pauline raucht eine «Aktive», so
nannte man in Deutschland 1946 eine amerikanische
Zigarette. In den Hunger- und Schwarzmarktjahren
ersetzten solche Zigaretten die Währung. Alles wurde in
«Aktiven» gemessen, nur Paulines Genuß ist unermeß-
lich. Das begreifen sogar Paul, der Nichtraucher, und
Horstchen, der aufgeweckte deutsche Junge.

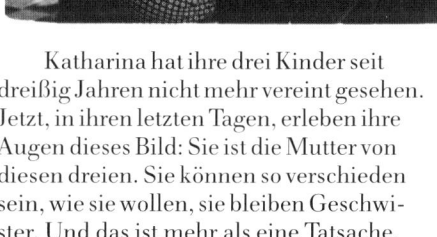

Katharina hat ihre drei Kinder seit
dreißig Jahren nicht mehr vereint gesehen.
Jetzt, in ihren letzten Tagen, erleben ihre
Augen dieses Bild: Sie ist die Mutter von
diesen dreien. Sie können so verschieden
sein, wie sie wollen, sie bleiben Geschwi-
ster. Und das ist mehr als eine Tatsache.

Horstchen, Lucies Sohn, ganz die Mutter. Sie himmelt den Amerikaner an, er verachtet den Fotografen. Oder handelt es sich um seinen Vater Eduard, der seine Ikoflex über den Krieg gerettet hat? In diesem Fall wäre Horstchens Blick zufällig.

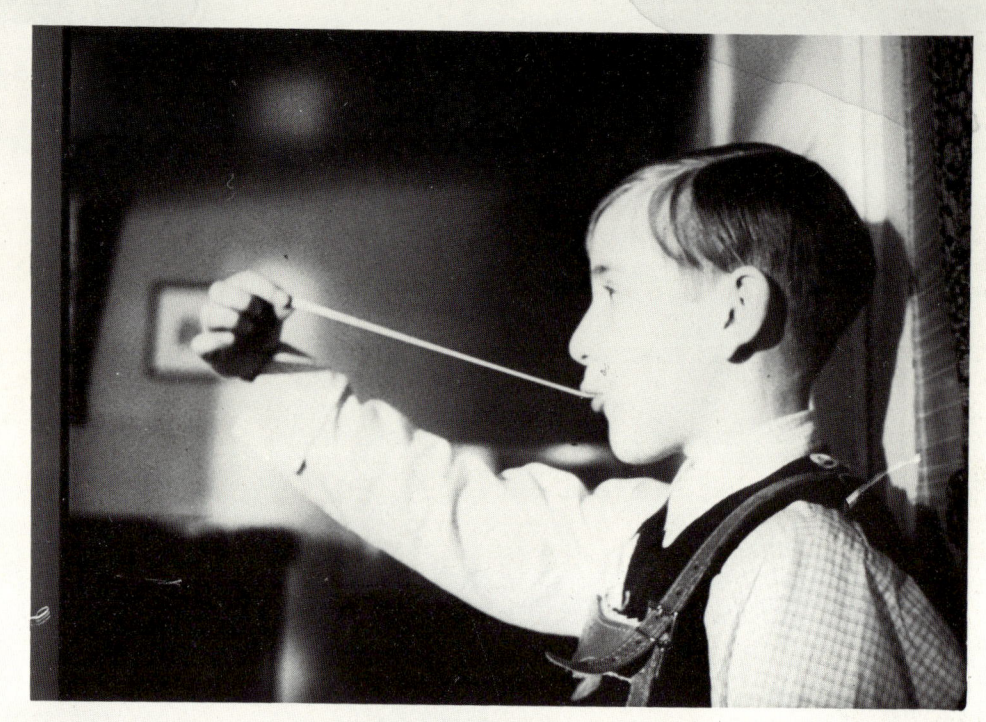

Horstchen mit dem ersten Kaugummi seines Lebens.

Horstchen hat alle achtundvierzig Staaten der USA auswendig gelernt und sagt sie auf, ohne zu stocken und zu stottern. Paul, der Amerikaner, hätte das nicht gekonnt. Am Bildrand der schwerhörige Eduard mit den Fingern hinter dem Ohr.

Im Herbst 1949 fand Horstchen im Wald bei Schabbach eine Tellermine aus dem Krieg. Und weil er ein aufgeweckter Junge war, fing er an, daran zu schrauben. So verlor Lucie ihr einziges Kind. Horst hatte am selben Tag morgens in der Schule noch eine Eins in Mathematik geschrieben.

Tag der Abreise.
Zwei Tage vorher ist
seine Mutter gestorben, aber
für das Foto darf gelacht
werden.
«Na Robertchen, wenn du
groß bist, kriegst du auch
mal so ein schönes Auto!»
(Paul sollte recht behalten.)

KAPITEL 8

MARIA

Geboren in Schabbach am 7. 8. 1900. Schulabschluß kurz vor Beginn des Weltkriegs 1914. Tochter des reichen Bauern Wiegand. 1915 kommt ihr Bruder Wilfried zur Welt, nachdem ihr älterer Bruder Gustav in Frankreich gefallen ist. Während des Kriegs Freundschaft mit Apollonia, die 1920 den Hunsrück verläßt und einen französischen Soldaten heiratet. 1922 heiratet Maria Paul Simon, den Sohn des Dorfschmieds Mathias Simon. Sie bringt 1923 den Sohn Anton zur Welt und 1924 Ernst. Paul, ihr Mann, verläßt sie 1928 ohne erkennbaren Grund und ohne zu sagen, wohin er geht. 1934 kommt Anton in die Hitlerjugend. Beim Bau der Hunsrück-Höhenstraße, 1938, lernt Maria den Ingenieur Otto Wohlleben kennen und lieben. Als Paul kurz vor Ausbruch des Kriegs zurückkehren will, trennt sich Maria von Otto. 1940 Geburt von Hermann, Sohn von Otto. Anton wird 1941 Soldat, Ernst kommt 1943 als Jagdflieger zur Luftwaffe. Ferntrauung von Anton mit der Hamburgerin Martha. Mathias stirbt 1945. Ein Jahr nach Kriegsende kehrt Paul als reicher Amerikaner für kurze Zeit zurück. Rückkehr von Anton aus russischer Kriegsgefangenschaft 1947. Tod der Schwiegermutter Katharina. Hermann besucht ab 1951 das Gymnasium der Kreisstadt, Zerstörung seines Liebesverhältnisses mit Klärchen, einer Heimatlosen aus dem Ruhrgebiet. In den sechziger Jahren erlebt Maria die Erfolge ihrer Söhne. Anton ist Unternehmer geworden, besitzt eine Fabrik für optische Geräte, Ernst ist nach vielen Abenteuern erfolgreicher Antiquitätenhändler, verdient sich ein Privatflugzeug. Hermann hat Musik studiert, wird Komponist, hat erste Erfolge in der für Maria fremden Welt der Großstädte. Maria hat ihren Traum, das Dorf eines Tages, wenn auch nur zum Vergnügen, verlassen zu können, nie verwirklicht. Sie stirbt zweiundachtzigjährig in ihrem Geburtsort. Aber auch in Schabbach hat dieses Jahrhundert in jeder Zeit ihres Lebens sein Gesicht gezeigt. «Maria war unser lebender Kalender...» (Glasisch-Karl)

Die junge Mutter, bis zum Unterarm im
Kuchenteig, das Mehl aus Simons Weizen, die Eier
aus Omas Hühnerstall, Schmalz von der Wutz, die
im November geschlachtet worden war, ein Lächeln
für den Sohn, der fotografieren lernt.

Vor dem Elternhaus.
     Hier gilt ihre Neugier
einem blinkenden Draht im
Garten: der Erdleitung, die
zu Pauls Radio führt.

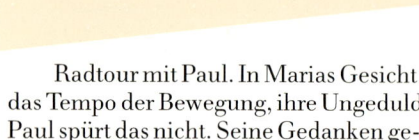

Radtour mit Paul. In Marias Gesicht
das Tempo der Bewegung, ihre Ungeduld.
Paul spürt das nicht. Seine Gedanken gehen in die Ferne.

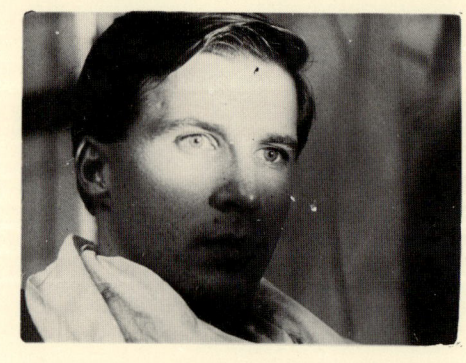

Paul, der Mann, der zu ihr gesagt hat:
«Ich glaube, ich hab dich lieb.» Zu dem sie
«ja» sagt, weil sie sein Fernweh spürt.

     Das Kind in ihrem Bauch wird später
Anton heißen. Jetzt hat sie auch *in* sich ein
fremdes Wesen.
Das Blumenmädel in den beiden ovalen
Rahmen hing später im Kinderzimmer.
Ernstchen, ihr zweiter Sohn, wurde 1924
geboren.

Ihr Leben für die Söhne. Sie ist für ihre Kinder nicht nur Mutter, sondern auch Vater. «Ich will, daß sie das kriegen, was ihnen zusteht. Und ich will, daß es denen im Leben nicht so geht wie mir, daß man immer vor die vollendeten Tatsachen gestellt wird.»

Nach dem Melken.
Die kuhwarme Milch wird durch ein Tuch geseiht. Eine Tätigkeit, die von der Hand geht, ohne hinzusehen. (Die Kuh kennt keinen Feiertag.) Im Beutelchen über dem Herd Sauerteig.

Nachdenken.

Planen.

Beanspruchen.

Backtag.
Die Mutter riecht wie frisches Brot, von dem auch sie als Kind schon nichts essen durfte. Ist es soviel gesünder, wenn es hart geworden ist und nicht mehr duftet? Weisheit oder Notlüge? Es muß jedenfalls für drei Wochen vorhalten.

Die Mutter als Vater.

Die Gedanken der Söhne in die Ferne lenken, aber Pauls Radiotechnik verwenden, um sie daheim zu halten. Sie hätte nie gedacht, daß sie den «Zweikreiser mit Rückkopplung und Trichterlautsprecher» so schnell beherrschen würde. Anton lernt großäugig von ihr, Ernstchen – na ja.

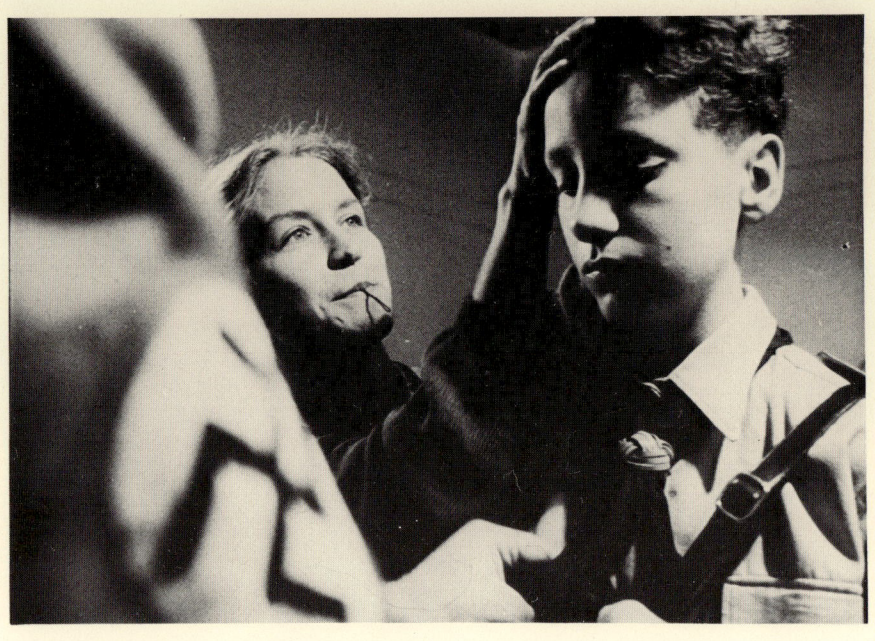

Maria, vergnügt.

Wenn sie doch nur Antons Haare bändigen könnte! Sie kann doch nicht seinen ganzen Kopf mit Haarklemmen vollstecken, wenn er zur Hitlerjugend geht, obwohl sie schon immer sagt, der Jung sei nie und nimmer für die Uniform geboren. (Da ist Onkel Eduard, mit Hakenkreuzbinde vorn links, ganz anderer Meinung.)

Maria staunt. (Anton im Hintergrund staunt später.)
So wie ihre Schwägerin Lucie, die Berlinerin, die sie gerade in diesem Moment vor sich sieht, könnte Maria nie der Verzweiflung anheimfallen.

Anton: «Was hat denn die Tante Lucie, Mama?» «Die hat Sorgen, Anton.» Anton: «Aber, wenn man Sorgen hat, dann muß man doch nicht ins Bett gehen!» Maria: «Doch, Antonchen, in der Stadt gehen die Leute ins Bett, wenn sie Sorgen haben.»

«Ich hätt die Courage und tät noch mal ganz von vorn anfangen!» Man sieht ihr ihre achtunddreißig Jahre auf der dunklen Seite der Stehlampe nicht an. Das direkte Licht ist für Pauline und ihre Löckchen bestimmt.

Gemeinsamer Blick in den Spiegel.
Pauline: Akteurin. Maria: Zuschauerin.

Maria ist jahrelang Zuschauerin.

Auf der Maiwiese.
«Hallo, Herr Wohlleben!»

Als Zuschauerin im Kino.
Sie sieht mit Otto Wohllebens Augen einen Liebesfilm. Sie war doch so lange allein!

Maria füttert einen großen Mann.
    Ob das Spiegelei durch Pusten wirklich schneller abkühlt, ist nicht erwiesen. Aber Otto, der anfängt, sie zu lieben, denkt an ihre Speicheltröpfchen. Glück im Unglück: Er kann sich füttern lassen und dabei den schmerzenden Gipsarm vergessen.

Liebe.
    Er ist in den Hunsrück gekommen, um eine Straße zu bauen; etwas anderes hatte er nicht vor. Und er wußte auch nicht, daß sein Herz frei war.

Diese schattigen Augen hatte Maria zum erstenmal. Die Mutter von zwei Söhnen versucht, wissend zu lächeln. Gleich ist es zu spät.

«Nicht sofort, bleib
noch einen ganz kleinen
Moment lang ein Traum
für mich.»

Der Brief aus Amerika.

«Meine Lieben alle zu Hause. Zehn Jahre lang habe ich immer wieder versucht, diesen Brief zu schreiben, aber ich habe es nicht gekonnt. Jetzt weiß ich nicht einmal, ob Ihr alle noch am Leben seid, Vater, Mutter, Maria und die Kinder. Ich lebe in Detroit, Amerika hat mir Glück gebracht. Es war ein weiter Weg. Bitte glaubt mir, daß ich dabei oft an Euch gedacht habe. Besonders deshalb, weil man in letzter Zeit soviel über Deutschland zu hören bekommt. Ich mache mir Sorgen, und ich habe deshalb beschlossen, die Heimat wiederzusehen. Vor allem mache ich mir Sorgen um Anton, Ernst und auch um Dich, Maria. Mein Betrieb bringt mir guten Profit, Elektrobranche. In spätestens einem Jahr werde ich die Überfahrt nach Deutschland buchen. Näheres werdet Ihr noch erfahren. Gebt mir ein Lebenszeichen, Euer Paul.»

Maria liest dem erblindenden Großvater diese Worte vor, ganz kühl.

SIMON-ELECTRIC

High Grade Dynamo Electric

APPARATUS FOR ALL PURPOSES.

Long Distance Transmission of Power, Street Generators, Stationary Motors and Appliances, Electric Mining Plants, Isolated Lighting Plants, Central Station Lighting.

Alternating or Direct Current.

Branch Offices:

620 Atlantic Avenue, Boston.

136 Liberty Street, New York.

Penn Mutual Building, Philadelphia.

65 Smith Building, Cincinnati.

167 Gravier Street, New Orleans.

8 Equitable Building, St. Louis.

608 Pullman Building, Chicago.

134 East Sixth Street, St. Paul. Minn.

29 East First South St., Salt Lake City

Haller Building, Seattle, Wash.

314 California Street, San Francisco.

70 Pearl Street, Toronto, Ont.

INCORPORATION POSTBOX 2179 · DETROIT/USA

Detroit, 23.4.1938

Meine Lieben alle zu Hause!

Zehn Jahre lang habe ich immer wieder versucht, diesen Brief zu schreiben, aber ich habe es nicht gekonnt. Jetzt weiß ich nicht einmal, ob Ihr alle noch am Leben seid, Vater, Mutter, Maria und die Kinder. Ich lebe in Detroit, Amerika hat mir Glück gebracht. Es war ein weiter Weg. Bitte glaubt mir, daß ich dabei oft an Euch gedacht habe. Besonders deshalb, weil man in letzter Zeit zu viel über Deutschland zu hören bekommt. Ich mache mir Sorgen, und ich habe deshalb beschlossen, die Heimat wiederzusehen. Vor allem mache ich mir Sorgen um Anton, Ernst und auch um Dich, Maria. Mein Betrieb bringt mir guten Profit, Elektrobranche. In spätestens einem Jahr werde ich die Überfahrt nach Deutschland buchen. Näheres werdet Ihr noch erfahren. Gebt mir ein Lebenszeichen!

Euer Paul

Sorgenvoll an Ottos großer Brust.

«Ich bin immer so zittrig, Otto. Ich muß immer zittern. Ich kann mir garnix mehr merken. Die fragen mich was, und schon hab ich's vergessen.»
Otto: «Und ich hab angefangen, die Zeit totzuschlagen. Die Zeit totzuschlagen ist Mord.»
Maria: «Daheim putzen sie das ganze Haus. Die ganze Küche haben sie umgekrempelt. Und seine Eltern, die machen und machen . . . Otto, weißt du was? Ich hab dem Paul seine Anzüge gebügelt, die ganzen Anzüge, kannst du dir das vorstellen? Und der Anton, der hat ein Gedicht auswendig gelernt, das will er aufsagen, wenn Paul kommt.»

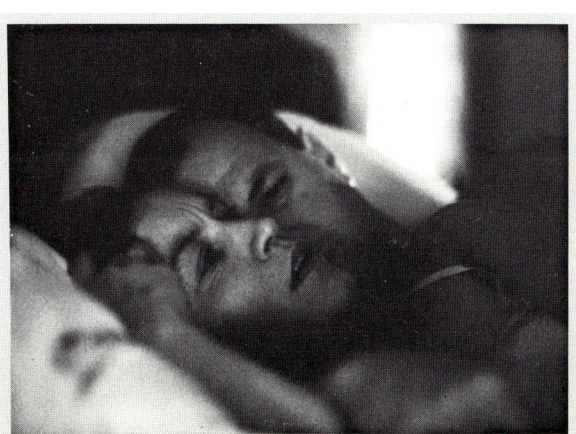

Warten.

Eigentlich hat sie immer gewartet. Hier warten in der Zollbaracke des Hamburger Hafens.
Warten auf dem Bettrand in einem Hamburger Hotel. «Ich glaube, ich habe alles falsch gemacht! Anton, ich glaube, deine Mutter hat alles falsch gemacht!»

Warten im Krieg.
Sie wartet auf ein Lebenszeichen von Otto, sie wartet auf Anton, der Frontsoldat ist, auf einen Gruß von Ernst, auf das nächste Jahr und darauf, daß ihr Hermännchen aus den Windeln kommt. Hier wartet sie auf den Zug aus Simmern.

Die Familie wächst. Martha ist Antons Kriegsbraut.

Maria: «Es ist, als hätte der Anton mir einen Gruß geschickt, mit dem Kind in deinem Bauch!»
Marthas Lächeln spiegelt Marias Lächeln.

Im Postauto.
Den Krieg kann man nicht sehen, vorstellen kann sich ihn auch niemand. Aber man kann an jemanden denken, der im Krieg ist, und dabei weinen.
Links die Braut, rechts die Mutter. Maria: «Dein Anton und mein Anton.»

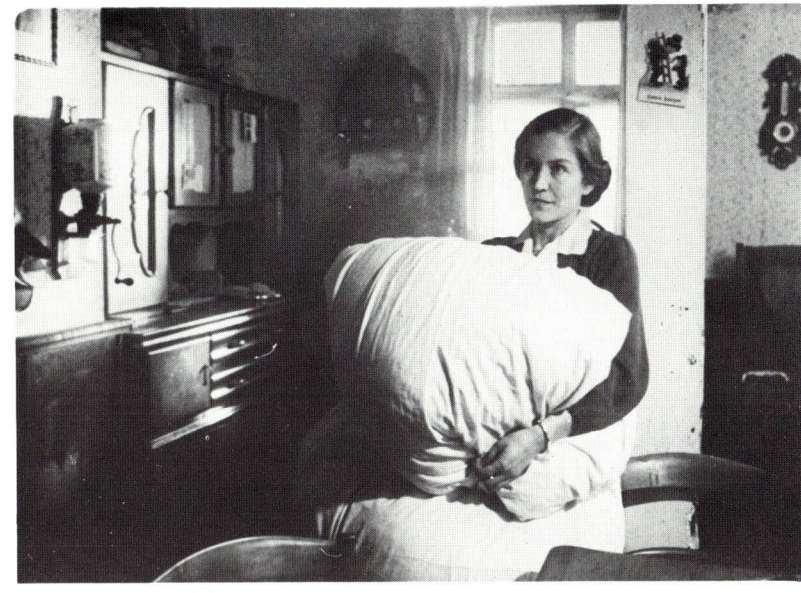

<u>Das Wiedersehen.</u>
Von diesem Tag hat
Maria sich nicht einmal
das Datum gemerkt, so
wichtig war er. Für sieb-
zehn Stunden sind sie
Vater, Mutter, Kind.
Krieg.

«Die ganzen Jahre ohne
dich . . .»
     In dieser Nacht können
sie nichts Besseres tun, als
sprechen, sprechen.

Der Tod ist eine Nachricht.

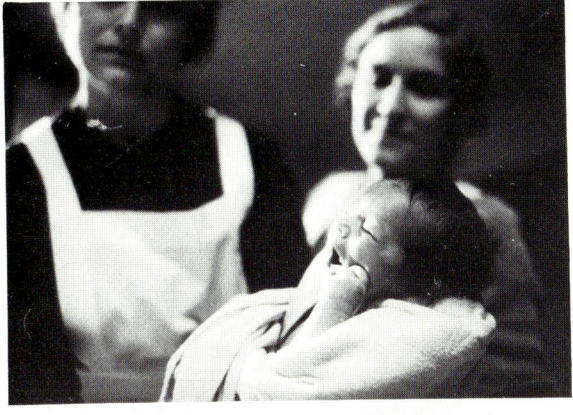

Ihr erstes Enkelkind.
Alter: siebenunddreißig
Stunden.

Sie kann jetzt nicht
mehr. Solange sie den Rük-
ken fest gegen die Tür preßt,
kann sie sicher sein, daß niemand hereinkommt. In
Blickrichtung ihr lebens-
längliches Bett.

Der fremde Mann, ihr
Ehemann. Kommt aus Ame-
rika und sagt, daß er friert.
«Zwanzig Jahre, Paul, die
kann man nicht aus der Welt
schaffen, indem, daß man
einfach friert.» Notwehr.

Was sie verbindet, sind die Toten. Maria und Paul nach zwanzig Jahren Trennung.
«Wenn er jetzt nach Amerika fährt, tut er das wirklich und nicht so heimlich wie damals.»

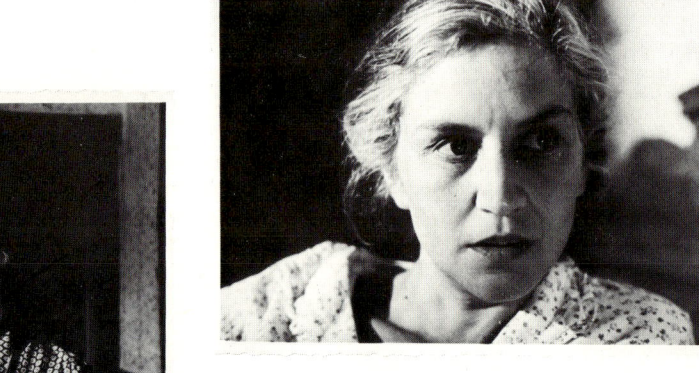

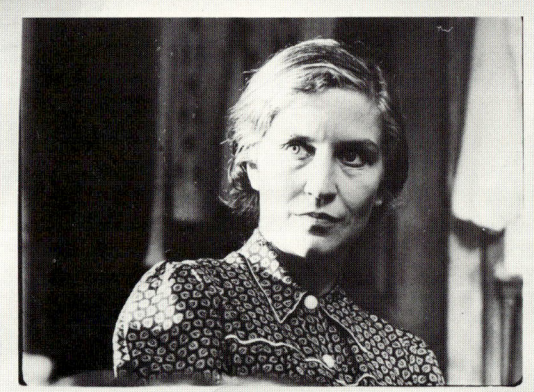

Maria, 1946, sechsundvierzig Jahre alt.

Wenn sie alle Stunden zusammen-
rechnet, die sie mit Otto glücklich war,
dann waren es zehn Tage Gewinn. Bilanz:
Mit Paul, der jetzt endgültig aus ihrem
Leben verschwindet, hat sie zwanzig Jahre
verloren.

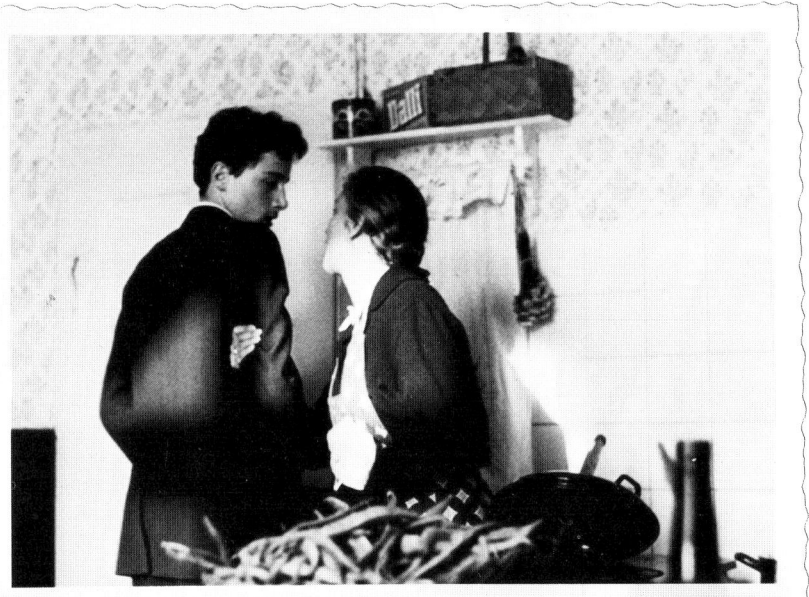

1956. Mit Hermann, ihrem Sohn von
Otto, versucht sie die Zeit wieder aufzu-
holen.
Muß sie ihren Jüngsten jetzt festhalten,
oder soll sie ihn loslassen?

Maria, sechsundfünfzig, total überfordert.

1968. Weitere zehn Jahre sind vergan-
gen. «Hermann, willst du dich denn nicht
mal rasieren, du hast doch so ein schönes
Gesicht!»
Sie sieht ihn als Kind mit ihren alten Augen. (Im Hintergrund seine beiden Freun-
dinnen, fremd.)

1970.
    Ihre drei Söhne haben es alle zu etwas gebracht. Jetzt hätte sie die Zeit, auch nach
Amerika zu reisen, zum Beispiel nach Florida. Da soll die ganze Zeit über die Sonne
scheinen. Aber Marias Art ist nicht die einer Rentnerin.

1982.
　Marias Beerdigung,
Schabbach im Wolken-
bruch.

KAPITEL 9

DIE SÖHNE

Sie sind so verschieden, verschiedener geht's nicht.

Daß sie ihrer Mutter davonlaufen würden, das bemerkte Maria schon an ihren ersten Schrittchen, wenn Ernst über die Straße rannte, ohne sich nach ihr umzuschauen, wenn Anton am Feldrand einfach stehenblieb, die Augen nach innen in die Tiefe gerichtet, wenn Hermann im Obstgarten unter all den Winzigkeiten des Geästes den Mond entdeckte und das Wort «Mond» sprechen konnte, ehe er «Papa» oder «Kuh» oder «danke» sagte.

Hätte die Mutter sich Verschiedenheiten ausdenken müssen, dann wäre sie auf Gegensätze gekommen wie faul und fleißig, durchtrieben, ernst oder unehrlich. Sie konnte ihnen viel mitgeben, nicht aber ihre Eigenheiten; die mußte sie respektieren und zusehen, wie sie wachsen. Was die Kinder am liebsten tun, ist lernen. Sie lernen jeden Tag irgend etwas dazu, sie erreichen endlich mit den ausgestreckten Händchen die Türklinke, lernen ein neues Schimpfwort, lernen Feuer machen, lernen das Gleichgewicht halten über Abgründen, lernen, indem sie unzusammenhängend mal das eine dann das andere wiederholen, obwohl es strengstens verboten wird. Sie lernen, daß das Lernen, wie es verlangt wird, «lernen» heißt, und wie man es umgeht. Und all das lernen die Kinder, jedes auf seine ganz verschiedene Art, so daß die Obhut der Mutter sich in einem Dschungel von Ahnungen und Unsicherheiten abmühen muß.

Nach vierzig Jahren waren die Söhne auf rätselhafte Weise verschieden. Keiner mochte sich mehr vorstellen, am selben Ort mit den anderen zu leben, gemeinsam eine Reise zu machen, und sie hatten auch keine Lust mehr, sich gegenseitig auf dem laufenden zu halten über ihre Geschäfte, ihre Ehen, ihre Krankheiten, ihre Meinungen zur Politik, miteinander zu sprechen, nur weil sie Brüder waren und aus dem Bauch derselben Mutter gekrochen, mit der gleichen Suppe gefüttert, mit den gleichen großmütterlichen Zaubersprüchen geheilt, wenn sie krank waren. So verschieden waren sie geworden. Und doch gab es etwas, was sie auch nach weiteren vierzig Jahren noch gemeinsam verstanden hätten:

Wie eine Türklinke riecht, wie die Wand unter dem Fensterbrett in der Küche sich anfühlt, wie kühl der große Hausschlüssel in der Hand liegt, wie die Unterseite der Tischplatte in der Wohnstube riecht, wie die Luft schmeckt, eine Stunde bevor es im November schneit, wie die Augen geblendet sind, wenn man aus der Winternacht in die Küche kommt. Wie der Saum eines nassen Soldatenmantels riecht, wie die Großmutter riecht: ihre Haare, ihre Pantoffeln, ihre weiche Hüfte, ihr Bett. Vor allem sind es die Gerüche in Bodennähe, in achtzig Zentimetern Höhe, in der Nasenhöhe ihres zweiten oder dritten Lebensjahres: Tischkante, Schrankschublade, Brotfach, Holzkiste, Herdstange, Fensterladenriegel, Hammer, Zange, Nagel, Blumentopf. Anton könnte Hermann fragen: Wie riecht Küchenhandtuchzipfel? Hermann wüßte es. Oder Ernst: Wie riecht Schmiedeamboßspitze? Oder Hermann: Wie riecht Muttertagvormittag, elf Uhr? Er wüßte, was gemeint ist. Das sind also die Gewißheiten. Das macht die Söhne zu Brüdern.

Mit den Vätern aber ist alles ungewiß.

Wenn man das Ende kennt, kann man die Anfänge besser deuten. (Anton mit Blick in die Zukunft, Ernstchen windig.)

ANTON

«Der guckt in die Ferne wie sein Vater», sagt die Großmutter und ängstigt sich, wenn sie in Antons Kinderaugen blickt. Wie man sich täuschen kann! Sein ängstlicher Blick geht in die Zukunft und nicht in die Ferne.

Mit Filmapparat, von der Mechanik begeistert.

Mit frisch entwickeltem Foto in Großformat für die Mutter.

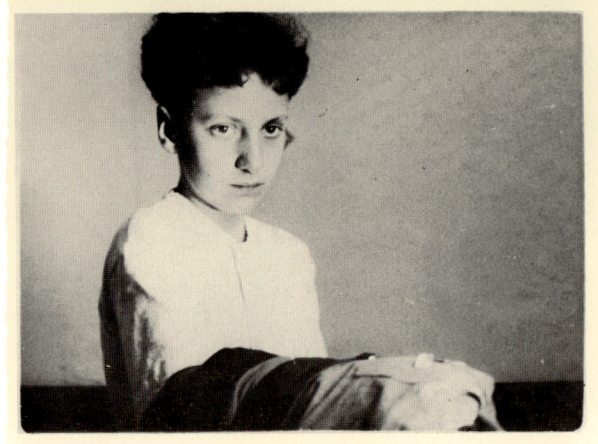

Mit Hitlerjugenduniform, der geborene Zivilist.

Heimweh 1943.
　　Anton hat nie verstanden, warum die Deutschen den Osten erobern müssen, denn *er* hat im Osten seine besten Ideen auf dem Rückzug, wenn es Richtung Heimat geht.

Ohne Uniform, Blick nach rechts.

Mit Uniform, Blick nach links.
　　(In der Propagandakompanie gab es eine Vorschrift, die deutschen Truppen von links nach rechts durch das Bild ziehen zu lassen: «vorwärts!»)

Aber Anton zieht es nach Schabbach.
5317 Kilometer geht er zu Fuß durch
die Türkei, Griechenland und Tirol.

Wieder daheim.
10. Mai 1947, ein Samstag,
Mutter hatte Linsensuppe
gekocht. Jackenärmel und
Hosenbeine des Sonntags-
anzugs waren acht Zentimeter zu kurz geworden, so war
Anton als Soldat noch ge-
wachsen. Oben stieß er an
den Türrahmen, und seine
Frau Martha war kleiner, als
er sie in Erinnerung hatte.

Erfolg.
Es war Anton nicht in die Wiege gelegt worden,
Erfinder und Fabrikant im Hunsrück zu werden. Aber
er hatte schon als Junge feine, schmale Hände. Seine
Mitarbeiter: Männer aus der Umgebung mit kräftigen
Bauernpratzen, umgeschult auf optische Feinmecha-
nik. Tausend Jahre lang waren solche Hände richtig für
die steinige Gegend gewesen, jetzt werden die zartglied-
rigen Kinder die größeren Chancen haben.
«Und das alles hat unser Anton gemacht!»

Fortpflanzung.
    Drei Töchter, zwei Söhne. Martha, im Vordergrund, schwanger mit Kind Nummer vier. Antons Augen kontrollieren den Fotografen (einen Angestellten mit Bauernfingern).

Interieur.
    Nappaledergarnitur, diverse Ölgemälde, Blickrichtung Farbfernseher, oben Holzverkleidung auf der Betondecke. Einheimische Materialien in Antons Bungalow. (Die Wirtschaftskrise, die seine Firma ins Wanken bringt, kommt erst ein paar Jahre später.)
Antons Wahlspruch: «Qualität setzt sich durch.»

ERNSTCHEN, DER LUFTIKUS

Bei ihm hat sich die
Großmutter nicht ge-
täuscht, er wollte fliegen –
und er flog auch. Von
Herz zu Herz, von Beruf
zu Beruf, von Dorf zu
Dorf, von Pleite zu Pleite.
(Aber das stellte sich erst
später heraus.)

Im Winter 1943/44 mit
Treibhausnelken, fünfzig
Meter über Schabbach im
Langsamflug.

Für ihn war der Krieg der Vater
aller Dinge. Wie hätte ein Schabbacher Junge sonst zu einem eigenen
Flugzeug kommen können? Und das
noch mitten im Krieg! (Aus der Luft
betrachtet, ist der Krieg unsichtbar,
und runterfallen kann man auch im
Frieden.)

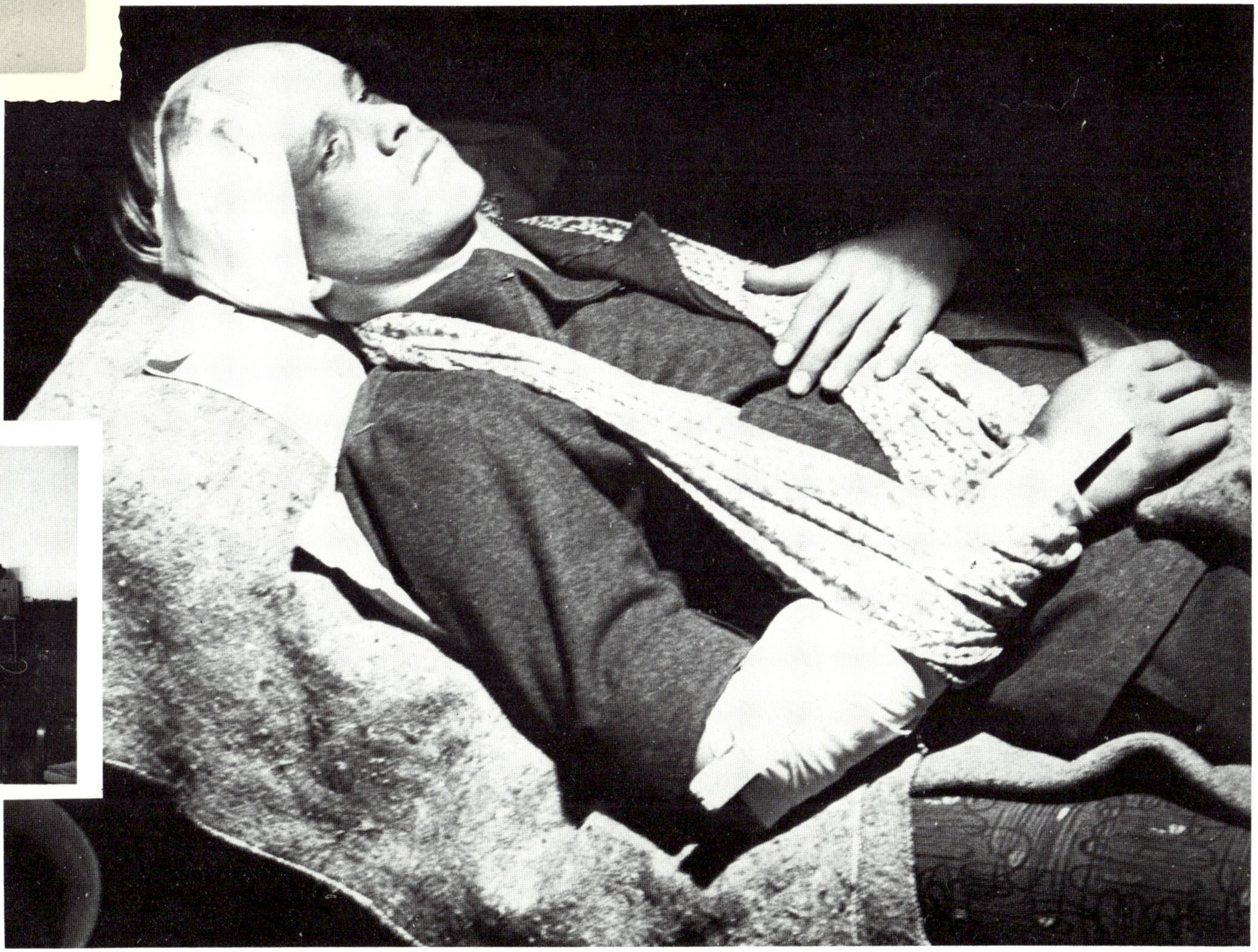

Fähnrich Ernst Simon
erhält den Befehl zu seinem
ersten Feindflug.

Verwundet irgendwo in Frankreich,
aber bestens gepflegt von Isabelle.

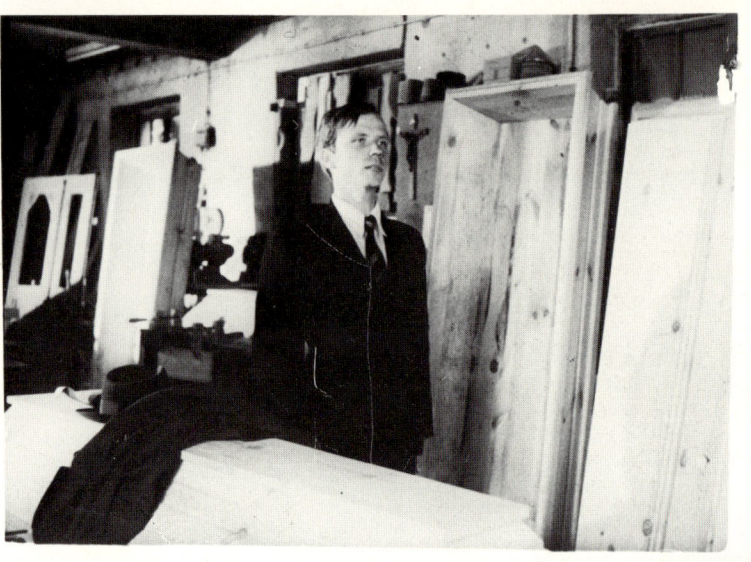

Unterwegs nach Kriegsende. Blickrichtung südöstlich auf Trarbach an der Mosel. Als Fußgänger umkreist er die Heimat.

Blickrichtung Nordwest, Entfernung nach Schabbach siebenundzwanzig Kilometer Luftlinie. In dieser Sargschreinerei hat er den Halbkreis vollendet: «Fähnrich Ernst Simon meldet sich vom Feindflug zurück.» Kommodore: «Simon, die Jagd ist zu Ende, die Luft gehört uns nicht mehr!»

«Turn» nach Wiesbaden. Aufforderung zum Tanz mit seiner Schwarzmarktbraut Frigga in einer Bar der amerikanischen Besatzungstruppen.

Dreihundert Meter vor Schabbach. Das Autofahren nennt er «Tiefflug». So erträgt er es. Solange er die Heimat umkreist, ist sie Mittelpunkt, auch für ihn. In zehn Minuten könnte er bei der Mutter sein, dann aber wäre in dieser Mitte vielleicht nichts.

«Die Luft hat keine Balken ...»

So würde Ernst, der Flieger, niemals sprechen. Man stelle sich vor, daß da oben alles voller Balken wäre – nicht auszudenken! Aber das Elternhaus hat Balken, schöne, vierhundert Jahre alte Fachwerkbalken. Ernst verdient sein Geld als Antiquitätenhändler. Hier beim Telefonat mit seinem Geschäftspartner in Düsseldorf; im Hintergrund das Elternhaus mit Schmiede.

Wenn die Mutter gestorben ist, kommt man auf die komischsten Ideen.

Ernst: «Mein Lebtag wollte ich fort. Wollte mich freimachen, aber jetzt ist es zu spät. Jetzt ist der Sprit alle. Mit den Frauen ist es mir genauso gegangen, immer nur eine kurze Bodenberührung und dann gleich wieder durchgestartet, das ist mir dieser Tage so richtig klar geworden. Und da hab ich mir halt gedacht, vielleicht ist es doch an der Zeit, daß ich mal richtig lande. Natürlich nicht auf dem erstbesten Acker, sondern auf einem richtigen Flugplatz mit einem gemütlichen Hangar, wo man seine Maschine in guten Händen weiß.»

HERMANN

Hermännchen, der Jüngste, der Sohn von Otto, mit achtzehn Gänschen, gesehen aus Marias Blickwinkel, 1944. Das eine Gänschen hat er so lieb, daß er ihm beinahe den Hals umdreht. Man hätte nie gedacht, daß er einmal Künstler wird.

Hermanns erste Inszenierung:
Er treibt die Gänschen in die Stube.

Der Vater war aus Nürnberg, ein Franke, die Mutter keltisch-römisch aus dem Hunsrück, da ist eine Lederhose für ihn die richtige Bekleidung. Beim Streunen am Dorfrand findet er nach dem Krieg einen abgeschossenen Finger.

Maria: «Hermann, willst du uns alle in Teufels Küch' bringen?»
«Aber Mama, das ist doch ein deutscher Finger!» (Auch seine Musik konnte er später keinem erklären.)

Als erster in der Familie besucht er das
Gymnasium in Simmern. Er lernt Dinge,
von denen bis dahin niemand in der Familie eine Ahnung gehabt hat: Wie es auf dem
Meeresboden aussieht, wie man Winkel-
funktionen berechnet, daß der Hunsrück
einmal römisch war, und daß der Monat
Mai seit Goethe in Deutschland der Monat
der Liebe ist.

Hunsrückstadion.
    «Können Sie sich Hölderlin beim Tur-
nen vorstellen? Daß ich nicht lache, Herr
Lehrer!»

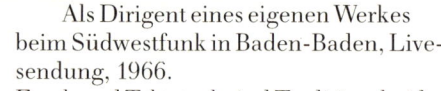

Als Dirigent eines eigenen Werkes
beim Südwestfunk in Baden-Baden, Live-
sendung, 1966.
Frack und Taktstock sind Tradition, beides
zur Ausübung seiner momentanen Tätigkeit unnötig, besonders der Taktstock.
Vielleicht kann er durch die besondere
Haltung der Hand seine Musiker inspirie-
ren. Sicher ist aber, daß diese voll damit
beschäftigt sind, seine neuartige Noten-
schrift zu entziffern. Er hat sich so ange-
strengt, aus dem Hunsrückdorf zu entflie-
hen, daß er jetzt als freier Künstler schon zu
Beginn seiner Karriere völlig erschöpft ist.

Zungenkuß.
    Schnüßchen wußte seit
Jahren, wie man das macht.
(Die Mädchen lernen auch
früher sprechen.)

Einziges gemeinsames Bild der Söhne.
Es bedurfte des Todes ihrer Mutter, damit sie sich am
gleichen Ort zur gleichen Zeit begegnen. Das Gemeinsame in ihrem Blick entsteht durch den gezuckerten
Moselwein.

KAPITEL 10

FESTE
FEIERN

"*Der Lichtstreif unter der Schlafzimmertür, am Vorabend, wenn die andern noch auf waren, – war er nicht das erste Reisesignal? Drang er nicht in die Kindernacht voller Erwartung wie später in die Nacht eines Publikums der Lichtstreif unter dem Bühnenvorhang? Ich glaube, das Traumschiff, das einen damals abholte, ist oft über den Lärm der Gesprächswogen und die Gischt des Tellergeklappers vor unsere Betten geschwankt, und am frühen Morgen hat es uns abgesetzt, fiebrig, als wenn wir die Fahrt schon hinter uns hätten, die wir eben erst antreten sollten. Fahrt in einer ratternden Droschke, die den Landwehrkanal entlang fuhr und in der mir plötzlich das Herz schwer wurde. Gewiß nicht wegen des Kommenden oder des Abschieds; sondern das öde Beisammensitzen, das noch anhielt, noch dauerte, nicht vom Anhauch der Reise wie ein Gespenst vor der Morgendämmerung verflogen war, überschlich mich mit Traurigkeit. Aber nicht lange. Denn wenn der Wagen die Chausseestraße hinter sich hatte, war ich wieder mit den Gedanken unserer Bahnfahrt vorangeeilt. Seither münden für mich die Dünen Koserows oder Wennigstedts hier in der Invalidenstraße, wo den andern die Sandsteinmassen des Stettiner Bahnhofs entgegentreten. Meist aber war in der Frühe das Ziel ein näheres. Nämlich der ‹Anhalter›, laut des Namens Mutterhöhle der Eisenbahnen, wo die Lokomotiven zu Hause sein und die Züge anhalten mußten. Keine Ferne war ferner, als wo im Nebel seine Gleise zusammenliefen. Doch auch die Nähe, die mich eben noch umfangen hatte, rückte ab. Die Wohnung lag der Erinnerung verwandelt vor. Mit ihren Teppichen, die eingerollt, den Lüstern, die in Sackleinwand vernäht, den Sesseln, die überzogen waren, mit dem Halblicht, das durch die Jalousien sickerte, gab sie, indem wir eben erst den Fuß aufs Trittbrett unseres D-Zug-Wagens setzten, der Erwartung von fremden Sohlen, leisen Tritten Raum, die, vielleicht bald, über die Dielen schleifend, Diebsspuren in den Staub einzeichnen sollten, der seit einer Stunde gemächlich seine Niederlassungen bezog. Daher geschah es, daß ich jedesmal als Heimatloser aus den Ferien kam.*"

WALTER BENJAMIN, ABREISE UND HEIMKEHR
Berliner Kindheit um Neunzehnhundert,
Frankfurt 1975

Auf den Anlaß kommt es nicht immer an. Der kann auch traurig sein. Zum Beispiel ist hier der Bräutigam abwesend wegen Krieg. Als Marzipanbild auf der Festtorte ist er aber mehr oder weniger dennoch anwesend. Ein großes Datum im Leben, obwohl an diesem Tag eigentlich nichts einen Anfang findet. Es wird fotografiert. Ferntrauung von Martha mit Anton 1943. Die glückliche Braut (schwanger) in der Mitte. Die gute Suppe, das gute Salz, ein Stoßgebet zum Himmel, eine Tischrede und die Stimme des fernen Bräutigams in der Telefonmuschel.

«Deine Mutti ist so lieb zu mir!» sagt Martha. Lächeln auf allen Bildern, aber eigentlich ein trauriger Tag.

Ein anderer wichtiger Tag im Leben. Wieder ein Tag, an dem nichts ein Ende findet: Gemeinsamer Trauerzug auf Umwegen durchs Dorf, das Gefühl, «wir leben noch».

Flucht der Trauergemeinde im Wolkenbruch, patschnaß den Vater trösten, jetzt scheint die Sonne wieder. Über diese Beerdigung wird man noch nach Jahren lachen.

DAS WIEDERSEHEN

Es wird immer wieder angekündigt, und dann kommt es unverhofft. Wenn du jemand erwartest und starrst die Tür an, dann wird er niemals kommen. Er tritt erst durch die Tür, wenn du ihn vergessen kannst. «Wir müssen warten», sagt die Großmutter.

1946. Wiedersehensfest mit Paul, der ein Amerikaner wurde. Die schönsten Feste sind die unvorbereiteten. Die Militärkapelle spielt «In the Mood». Schabbach lernt den Swing.

Der 1937er versprach, ein Jahrhundertwein zu werden und wurde deshalb für die besonderen Anlässe reserviert.

Was ist ein besonderer Anlaß? Daß man gerade im Kino war? Daß Martina sächsische Quarkkeulchen brät? Daß Robert und Otto so ein schönes Männergespräch führen können? Daß die Kinder so ruhig in ihren Bettchen schlafen? Daß die Standuhr im richtigen Moment Dreiviertel schlägt? Daß Otto und Maria die Liebe spüren – oder daß das alles zusammen auf einen Abend fällt?

WEIHNACHT

Das wichtigste Fest im Jahr. Ein Tag, an dem es zum Fotografieren immer etwas zu dunkel ist. Würde einer aus der Familie sich davonstehlen wollen, dann wäre überall, wohin er kommt, Weihnachten. In manchen Jahren ist Weihnachten stärker als in anderen. Das liegt nicht am Aufschwung und nicht am Krieg, nicht am Hunger und nicht am guten Essen. Sondern daran, wie stark es weihnachtet.

Hier weihnachtet es 1935. Ein Christbaum aus der Reichshauptstadt – die protestantische Familie besucht die katholische Christmette. (Ist nicht unser Führer auch katholisch?) Anschließend eine gut gebratene Gans und eine Dampfmaschine für die Kinder. Im Krieg konnten die deutschen Truppen das Weihnachtsgefühl durch ganz Europa tragen.

141

GEBURTSTAG

Jeder hat einmal im Jahr einen Tag, der ihm ganz allein gehört: den Geburtstag. Daß es mehr Menschen als Tage gibt, stört dabei kaum, manchmal aber doch. Wenn einer zum Beispiel am 20. April geboren war, mußte er seinen Geburtstag mit dem Führer teilen. Da blieb für ihn nichts übrig. So erging es Onkel Hans.

20. April 1933. Schabbach in Festlaune.
«Hitler ist ein Kolumbus.» Katharina:
«Fährt er denn nach Amerika?» Wiegand:
«Nä, wir meinen doch das Ei!»

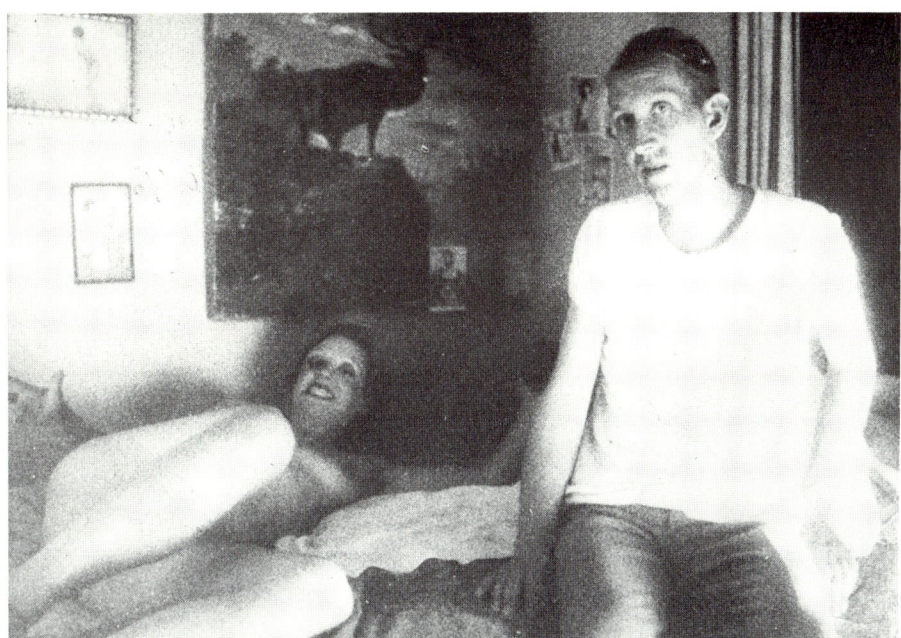

Eduard feiert in einem Berliner Eta-
genbordell mit wildfremden Menschen.
«Mündig ist der Mensch, wenn er Ausgang
hat. Wenn er heimkommt, ist er wieder
sündig.»

BETRIEBSFEST

«Dienst ist Dienst, und Schnaps ist Schnaps.» Wenn sich jeder, der in Antons Firma beschäftigt ist, nach diesem Satz richten würde, dann wäre es schlecht bestellt um seinen Wahlspruch: «Qualität setzt sich durch.» Was sich hier durchsetzen sollte, entstand meist außerhalb der bezahlten Arbeitszeit. Von halb acht bis sechs Uhr hat der Ingenieur nachgedacht. Auf der Spritztour mit der Sekretärin fand er plötzlich die Lösung.
Es gab auch heimliche Betriebsfeste. Hier das offizielle von 1955.

HAUSKONZERT

Solche Feste muß man sich leisten können. Entweder man stammt aus den entsprechenden Kreisen, oder der Krieg kommt zu Hilfe. Der berühmte Geiger, ein einfacher Soldat des Führers, war monatelang in Schabbach stationiert. In Lucies Villa sind seine Fähigkeiten wieder gefragt. Die Gäste erleben etwas für sie völlig Neues: Frisch gewaschen und zurechtgemacht erscheinen und dann nur zuhören.

KAPITEL 11

LIEBES- UND SONSTIGE PAARE

«Die Halme stehen rechts und links wie Wände,
begrenzen uns die schmalen Wege.
Heimlich zu den schönsten Gassen,
und unsere sommerbraunen Hände
begrüßen froh die vielen Stege,
die über lichtgefüllte Wasser fassen.
Und Murmeln unter kleinen Steinen
im Feld, wo wir uns bang verstecken.
Es kriechen rot im Schatten Schnecken
vorbei an unseren nackten Beinen.»

Hermanns Lied für Klärchen

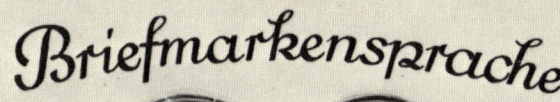

Briefmarkensprache

Ich komme!

Dein ist mein Herz!

Ich erwarte Dich!

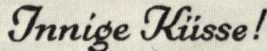

Innige Küsse!

Bist Du mir böse?

Ich habe große Sehnsucht!

Nichts soll uns trennen!

*Der Eine soll den Andern
In Liebe recht erfreu'n
Und soll mit Herz und Sinnen
Die Liebe stets erneu'en.*

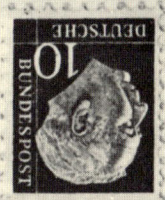

Bist Du mir auch treu?

Briefmarkensprache. Originalpostkarte aus Hermännchens Nachttischschublade. Wenn die Liebe verboten ist, ist es eine klassische Liebe. Der immer gleiche Geheimcode der Liebe. Hier, 1955, mit Theodor-Heuss-Briefmarken. Die Liebe in Schabbach unterscheidet sich in nichts von der Liebe allgemein.

Eduards Freunde
Schorsch und Julius mit
ihren Mädchen Gretchen
und Anni, 1923.

Sehnsüchtige Liebe.
  Paul und Apollonia
am Rhein.

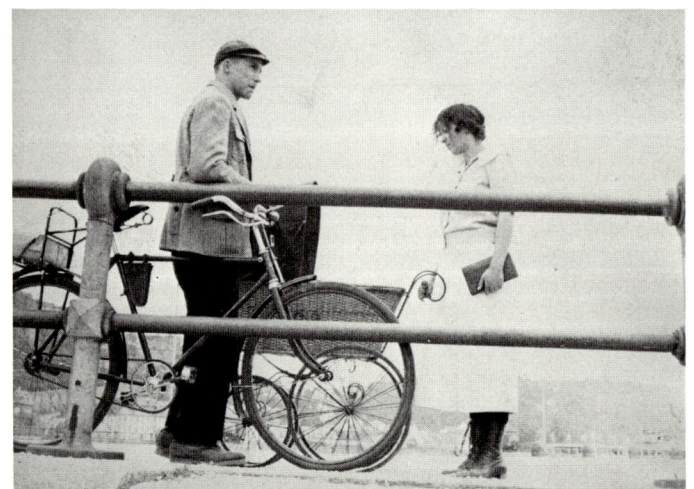

Grenzüberschreitende
Liebe.
  Apollonia und
Armand, der kleine Fran-
zos', ihr Besatzungssol-
dat, 1919, der ihr das
hübscheste Kind der
Welt, das Gretelchen, ge-
macht hat.

Eheliche Liebe.
     Pauline und der
Uhrmacher Robert Grö-
ber. Die Gewohnheit, vor
dem Einschlafen noch
einen Apfel zu essen, ha-
ben sie beibehalten, bis
Robert in den Krieg muß.

Unbegreifliche Liebe.
     Eduard und Lucie. Sie haben sich von Anfang
an ineinander getäuscht. Sie haben nie das gleiche
für wichtig gehalten . . . Gott sei Dank!

Haltsuchende Liebe.

Martina und der Uhrmachergehilfe Pollack. «Er ist so ruhig und solide», das könnte ihr helfen in unruhigen Zeiten. Aber er läßt es nicht darauf ankommen.

Kriegsliebe.

Lotti und der Unteroffizier Specht.
Er macht ihr ein Gedicht:
«Zwei Beine stützen mein MG,
doch das sind Einheitsbeine.
Zwei Beine tun mir manchmal weh,
doch das sind leider meine.
Ich weiß zwei Beine schlank und schick,
an diese denk ich gern zurück,
und das, mein Schatz, sind deine.
Wenn ich die schönen Beine seh,
im Geiste, liebe Kleine,
denk ich, warum hat mein MG
nicht auch so schöne Beine.»

Treue Liebe.

Anton und Martha. Über fünftausend Kilometer ist er aus russischer Gefangenschaft zu ihr nach Hause gelaufen. Zehn Jahre später konnte jeder die Gedanken des anderen erraten.

Schicksalhafte Liebe.
    Maria und Otto. Sie
haben sich nur selten als
Paar gezeigt. Nach sei-
nem Tod gab es keinen
anderen Mann mehr in
ihrem Leben.

Abenteuerliche Liebe.
    Ernst mit seiner
Schwarzmarktbraut Frig-
ga auf der Flucht vor sich
selbst.

<u>Romantische Liebe.</u>
Hermann und Klärchen. Ihre Liebe: eine Insel und die Welt – um sie herum ein Sumpf.

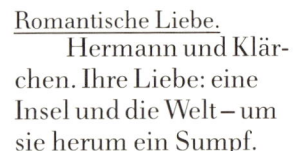

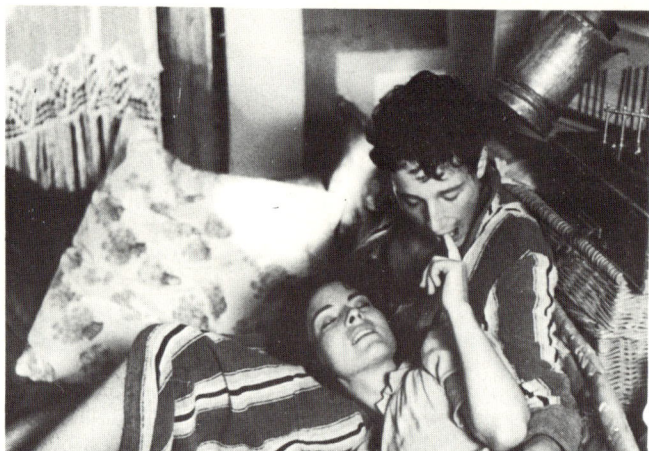

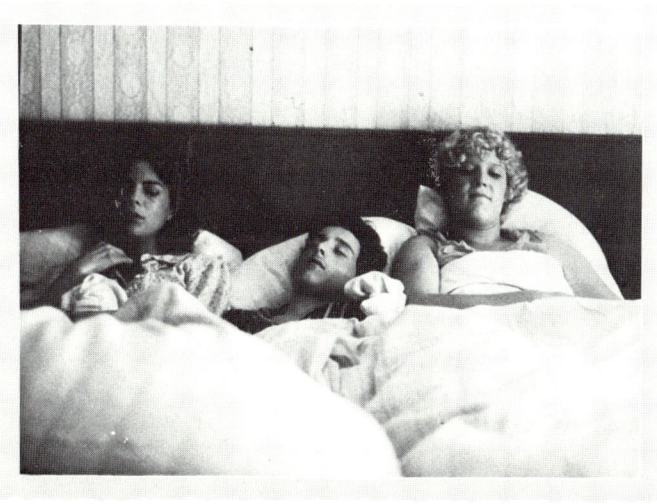

SCHABBACH

Das Kriegerdenkmal von Schabbach.
    Einweihung am 12. Mai 1924. Die frei gebliebenen   Namen der im Zweiten Weltkrieg gefallenen
Flächen auf dem Sockel genügten 1950 nicht, um die   Schabbacher aufzunehmen.

KAPITEL 12

DIE MITTE DER WELT

"Nun haben wir auf vielen Seiten Nein gesagt, Nein aus Mitleid und Nein aus Liebe, Nein aus Haß und Nein aus Leidenschaft – und nun wollen wir auch einmal Ja sagen. Ja –: zu der Landschaft und zu dem Land Deutschland.

Dem Land, in dem wir geboren sind und dessen Sprache wir sprechen.

Der Staat schere sich fort, wenn wir unsere Heimat lieben. Warum gerade sie – warum nicht eins von den andern Ländern –? Es gibt so schöne.

Ja, aber unser Herz spricht dort nicht. Und wenn es spricht, dann in einer anderen Sprache – wir sagen ‹Sie› zum Boden; wir bewundern ihn, wir schätzen ihn – aber es ist nicht das.

Es besteht kein Grund, vor jedem Fleck Deutschlands in die Knie zu sinken und zu lügen: wie schön! Aber es ist da etwas allen Gegenden Gemeinsames – und für jeden von uns ist es anders. Dem einen geht das Herz auf in den Bergen, wo Feld und Wiese in die kleinen Straßen sehen, am Rand der Gebirgsseen, wo es nach Wasser und Holz und Felsen riecht, und wo man einsam sein kann; wenn da einer seine Heimat hat, dann hört er dort ihr Herz klopfen. Das ist in schlechten Büchern, in noch dümmeren Versen und in Filmen schon so verfälscht, daß man sich beinah schämt, zu sagen: man liebe seine Heimat.

Wer aber weiß, was die Musik der Berge ist, wer die tönen hören kann, wer den Rhythmus einer Landschaft spürt . . . nein, wer gar nichts andres spürt, als daß er zu Hause ist; daß das da sein Land ist, sein Berg, sein See, auch wenn er nicht einen Fuß des Bodens besitzt . . . es gibt ein Gefühl jenseits aller Politik, und aus diesem Gefühl heraus lieben wir dieses Land. Wir lieben es, weil die Luft so durch die Gassen fließt und nicht anders, der uns gewohnten Lichtwirkung wegen – aus tausend Gründen, die man nicht aufzählen kann, die uns nicht einmal bewußt sind und die doch tief im Blut sitzen. Wir lieben es, trotz der schrecklichen Fehler in der verlogenen und anachronistischen Architektur, um die man einen weiten Bogen schlagen muß; wir versuchen, an solchen Monstrositäten vorbeizusehen; wir lieben das Land, obgleich in den Wäldern und auf den öffentlichen Plätzen manch Konditortortenbild eines Ferschten dräut –

Laß ihn dräuen, denken wir und wandern fort über die Wege der Heide, die schön ist, trotz alledem. Manchmal ist diese Schönheit so aristokratisch und nicht minder deutsch; ich vergesse nicht, daß um so ein Schloß hundert Bauern im Notstand gelebt haben, damit dieses hier gebaut werden konnte – aber es ist dennoch, dennoch schön. Dies soll hier kein Album werden, das man auf den Geburtstags-

tisch legt; es gibt so viele. Auch sind sie stets unvoll-
ständig – es gibt immer noch einen Fleck Deutschland, immer noch eine Ecke, noch eine Landschaft,
die der Fotograf nicht mitgenommen hat . . . außer-
dem hat jeder sein Privat-Deutschland. Meines liegt
im Norden. Es fängt in Mitteldeutschland an, wo
die Luft so klar über den Dächern steht, und je
weiter nordwärts man kommt, desto lauter schlägt
das Herz, bis man die See wittert. Die See – Wie
schon Kilometer vorher jeder Pfahl, jedes Strohdach
plötzlich eine tiefere Bedeutung haben . . . wir stehen
nur hier, sagen sie, weil gleich hinter uns das Meer
liegt – für das Meer sind wir da. Windumweht steht
der Busch, feiner Sand knirscht dir zwischen den
Zähnen . . .
Die See. Unvergeßlich die Kindheitseindrücke;
unverwischbar jede Stunde, die du dort verbracht
hast – und jedes Jahr wieder die Freude und das
«Guten Tag!» und wenn das Mittelländische Meer
noch so blau ist . . . die deutsche See. Und der
Buchenwald; und das Moos, auf dem es sich weich
geht, daß der Schritt nicht zu hören ist; und der
kleine Weiher, mitten im Wald, auf dem die Mücken
tanzen – man kann die Bäume anfassen, und
wenn der Wind in ihnen saust, verstehen wir seine
Sprache. Aus Scherz hat dieses Buch den Titel
‹Deutschland, Deutschland über alles› bekom-

men, jenen törichten Vers eines großmäuligen
Gedichts. Nein, Deutschland steht nicht über allem
und ist nicht über allem – niemals. Aber mit allen
soll es sein, unser Land. Und hier stehe das Bekennt-
nis, in das dieses Buch münden soll:
Ja, wir lieben dieses Land.
Und nun will ich euch mal etwas sagen:
Es ist ja nicht wahr, daß jene, die sich ‹national›
nennen und nichts sind als bürgerlich-milita-
ristisch, dieses Land und seine Sprache für sich
gepachtet haben. Weder der Regierungsvertreter im
Gehrock, noch der Oberstudienrat, noch die Herren
und Damen des Stahlhelms allein sind Deutschland. Wir sind auch noch da.
Sie reißen den Mund auf und rufen: «Im Namen
Deutschlands . . .!» Sie rufen: «Wir lieben dieses
Land, nur wir lieben es.» Es ist nicht wahr.
Im Patriotismus lassen wir uns von jedem übertref-
fen – wir fühlen uns international. In der Heimat-
liebe von niemand – nicht einmal von jenen, auf
deren Namen das Land grundbuchlich eingetragen
ist. Unser ist es.
Und so widerwärtig mir jene sind, die – umgekehrte
Nationalisten – nun überhaupt nichts mehr Gutes
an diesem Lande lassen, kein gutes Haar, keinen
Wald, keinen Himmel, keine Welle – so scharf ver-
wahren wir uns dagegen, nun etwa ins Vaterlän-

dische umzufallen. Wir pfeifen auf die Fahnen –
aber wir lieben dieses Land. Und so wie die nationa-
len Verbände über die Wege trommeln – mit dem
gleichen Recht, mit genau demselben Recht nehmen
wir, wir, die wir hier geboren sind, wir, die wir
besser deutsch schreiben und sprechen als die Mehr-
zahl der nationalen Esel – mit genau demselben
Recht nehmen wir Fluß und Wald in Beschlag,
Strand und Haus, Lichtung und Wiese: es ist unser
Land. Wir haben das Recht, Deutschland zu hassen
– weil wir es lieben.
Deutschland ist ein gespaltenes Land. Ein Teil von
ihm sind wir.
Und in allen Gegensätzen steht – unerschütterlich,
ohne Fahne, ohne Leierkasten, ohne Sentimentali-
tät und ohne gezücktes Schwert – die stille Liebe zu
unserer Heimat. **„**

KURT TUCHOLSKY, HEIMAT
Ausgewählte Werke
Rowohlt Verlag, Reinbek bei Hamburg 1965

Oft wissen wir erst viele Jahre später, daß wir glücklich waren. Wenn Not, Schmerzen und mühselige Arbeit vergessen sind, dann bleiben nur noch die Äpfel. Das Sonnenlicht im Obstgarten war zehn Minuten lang so schön.
«Schabbach ist ein böses Dorf, wie all die anderen bösen Dörfer da draußen», sagte Apollonia, als sie für immer wegging. Dieselben Menschen, die hier in tiefem Frieden Äpfel ernten, hatten sie geschlagen, gequält und schließlich ausgestoßen. Auch andere Schabbacher hatten schwarze Haare, uneheliche Kinder, dahergelaufene Väter, aber sie waren nicht ganz so arm wie Apollonia. In Schabbach regelt der Besitz die Moral – wie anderswo.

Die Häuser in Schabbach haben Namen, Hausnamen wie in allen anderen Dörfern des Hunsrücks auch. Sie vererben sich auf Kinder und Kindeskinder, auf Männer und Frauen, wenn sie einheiraten. Der «Glasisch-Karl» war der Urenkel eines Glasers. Erst bei der Musterung 1917 erfuhr er, daß sein eigentlicher Name Schirmer war. So hießen Wiegands im Dorf immer «Schultes», weil der Vater Schultheiß war, und die Simons wurden «Schmieds» genannt. Die «Stallkäth» wußte nicht, wie sie zu ihrem Namen kam, noch weniger ihr Sohn, der «Stallkäths Gottfriedchen» genannt wurde. Beim «Glockenzieh» war das einfacher, denn er war Küster und zog sonntags die Kirchenglocke. Daß einer «Stinkpittchen» hieß, zeigte immerhin, daß sein Vorname Peter war. Ansonsten war er Totengräber und Fäkalienbeseitiger, eine öffentliche Dienstperson. Daß «Glockenziehs-Maria» eigentlich Bäcker hieß, führte dazu, daß der Lehrer sie für Bäckers-Maria hielt; die hieß aber mit Hausnamen «Schäfer». So waren im Dorf alle Verwechslungen ausgeschlossen.

Im Haus.

Ein Haus bauen, das ging im Hunsrück seit jeher so: eine Haustür, ein Hauseingang, auf der einen Seite die gute Stube, auf der anderen Seite der Stall (das Vieh wärmt im Winter)! Am Ende des Gangs die Küche. Darin ein Herd, ein großer Tisch und eine Bettecke. Wird einer in der Familie krank, dann bleibt er in der Küche, wo sich alle einfinden, wo man für Mensch und Tier kocht und alle Neuigkeiten erfährt. Von der Küche aus geht's auch in den Keller, wo die Kartoffeln sind und das Sauerkraut. Die Treppe führt zu den Schlafkammern: die obere Stube, in der die Eltern schlafen, daneben die Kammer für die vielen Kinder und das Kämmerchen für die Großeltern. Ganz oben ist der Speicher mit dem Korn und den Mäusen.

Zur Familie gehören noch der «Unkel», der unverheiratete Onkel, der sein Leben lang ohne Lohn gearbeitet hat, die «Goot», die Patentante, die für alle kocht und das frechste Maul hat. Als Katharina fünfunddreißig Jahre alt war, sah sie schon wie eine Großmutter aus, so schwer hat sie gearbeitet. Die Leute auf den Bildern sind jünger, als man denkt.

Eine Geschichte erzählen, das geht in Schabbach so: Jemand, den wir alle kennen, geht an einen Ort, der uns allen vertraut ist. Der Rest kann gelogen sein, wenn der Erzähler sieben heilige Eide schwört, daß er von der Wahrheit spricht. «Als der Glasisch-Karl im August '27 vor Wiegands Misthaufen dabei war, Ferkel aufzuladen, sah er eine wunderschöne junge Frau auf einem weißen Pferd über die Dorfstraße reiten. Die kam direkt aus Paris und wollte auf dem nächsten Weg nach Berlin. In diesem Moment begriff der Glasisch, daß Schabbach die Mitte der Welt ist. Und wir können schwören: Wenn man auf der Landkarte von Paris nach Berlin eine Linie zieht, dann geht die mitten durch Schabbach.»

Wenn zwei sich treffen und für eine Weile die Arbeit Arbeit sein lassen und sich Geschichten erzählen, dann nennt man in Schabbach diese Tätigkeit, die keine ist, «majen». Dies ist ein Hunsrücker Tätigkeitswort und bedeutet: friedlich beisammen sein und aufgeregt sprechen.

Dorfeingang von Westen. Links das Korbmacherhäuschen, noch nicht ganz zum Dorf gehörig.

Blick vom Kirchenportal ins Dorf; vorn Wiegands Sau, 1919 die Straße aufwühlend. Der Bienen-Otto führt seine Ziegen dorfauswärts zum Grasen.

Das Kriegerdenkmal, im Hintergrund Anton in HJ-Uniform vor dem Schirmerhaus.

April '33, Errichtung der Fahnenstangen. Diese Stangen stehen noch bis in die fünfziger Jahre, werden aber nur bis 1945 beflaggt.

Das Simonhaus mit Schmiede. Das emaillierte Waschbecken unter dem Stubenfenster hat Matthias, der Schmied, dort anbringen lassen, um seine rußigen Hände waschen zu können, bevor er das Haus betrat. Im Sommer stand eine Bank daneben, auf der Katharina oft saß und Schuhe putzte oder Kartoffeln schälte. Für beides konnte sie gut das Wasser gebrauchen.

Die Dorfwirtschaft. Verkauf der Kolonialwaren hinter dem rechten Fenster. Unter Kolonialwaren versteht man, was man in Schabbach nicht selber machen kann.

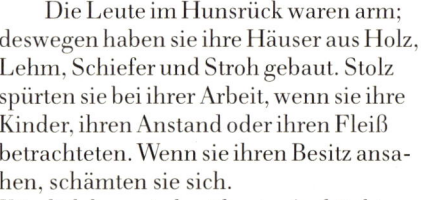

Die Leute im Hunsrück waren arm;
deswegen haben sie ihre Häuser aus Holz,
Lehm, Schiefer und Stroh gebaut. Stolz
spürten sie bei ihrer Arbeit, wenn sie ihre
Kinder, ihren Anstand oder ihren Fleiß
betrachteten. Wenn sie ihren Besitz ansa-
hen, schämten sie sich.
Kürzlich kam ein berühmter Architekt aus
Düsseldorf vorbei. Der baute sich ganz
nahe bei Schabbach ein schönes Haus aus
Lehm, Stroh, Schiefer und Holz. Als er
seinen Besitz betrachtete, war er stolz. Das
Haus zeigte Tradition. Wessen Tradition?
In Schabbach reicht das Geld schon wieder
nicht zum Stolzwerden.

Der Stolz der Gemeinde: Direkt neben dem Friedhof steht Antons Fabrik mit anschließendem Wohnbungalow. Die beiden Phantomjäger der Bundeswehr im Anflug auf den Flugplatz Pferdsfeld. Den höllischen Lärm hören die Schabbacher schon gar nicht mehr. Auch das Vieh hat sich daran gewöhnt.

Der stolze Glasisch. Was er besitzt, trägt er am Leib. «Toni, gefall ich dir?» Briefträger: «Bist ein feiner Kerl!» Glasisch: «Ich hab mir auch den Bart mit Persil gewaschen!»

Fünfzig Jahre hat das Kriegerdenkmal an diesem
Platz in Schabbach gestanden. Jetzt muß es weichen,
damit der Schulbus besser wenden kann. Der Glasisch
in der Mitte ist der einzige auf dem Bild, der schon dabei
war, als man das Denkmal aufgestellt hat. Die Kinder
(Mitte vorn) werden sich später nicht daran erinnern,
daß es dieses Denkmal je gegeben hat. Sie werden auch
nicht in Schabbach bleiben.

Die in diesem Buch wiedergegebenen Bilder sind gleichzeitig mit der Herstellung des elfteiligen Film- zyklus HEIMAT entstanden. Sie zeigen Szenen des Films, aber auch Szenen, die eigens für diese Bild- erzählung aufgenommen wurden. Alle Personen und Situationen sind freie Erfindungen. Die Schauplätze, die Gegenstände, Kostüme, Gesten, Frisuren und das Licht, das den Bildern eigen ist, sind mit den Mitteln des Films hergestellt worden.
Wer in den Hunsrück reist, um den Heimatort der Simons zu suchen, wird 300 Dörfer finden, und keins davon heißt Schabbach.

DAS FILMTEAM

Drehbuch	Edgar Reitz und Peter Steinbach	Scriptgirl	Monica Fritz
		Garderobe	Ilse Brassers, Doris
Kamera	Gernot Roll		Hunnius, Lilli Weck-
Musik	Nikos Mamangakis		müller
Casting/Co-Regie	Robert Busch	Pyrotechnik	Charly Baumgartner
Schnitt	Heidi Handorf	Standfotos	Christian Reitz
Ausstattung	Franz Bauer	Produktionsassistenz	Dagmar Heyer, Anne
Kostüme	Reinhild Paul, Ute		Neunecker
	Schwippert, Regine Bätz	Geschäftsführung	Inka Buss
Masken	Lore Sottung, Paul	Produktionsfahrer	Horst Wilhelm, Harald
	Schmidt, Birgit Reinert,		Sullivan
	Ruth Noe, Rita Feigl,	Aufnahmeleitung	Jo Schäfer
	Evelyn Döhring		Dieter Duhme, Carl
Ton	Gerhard Birkholz		Hoestermann, Eric Nel-
Mischung	Willi Schwadorf		lessen, Florian Richter,
Regieassistenz	Elke Vogt, Martin Höner		Klaus Handorf
Schnitt-Team	Ursula Goetz-Dickopp,	Produktionsleitung	Inge Richter
	Caroline Meier, Marga-	Redaktion	Joachim von Mengers-
	rete Rose, Kirsten Lie-		hausen
	senborghs, Carola		Hans Kwiet
	Aulitzky	Regie	Edgar Reitz
Kameraassistenz	Rainer Gutjahr	Produktion	Edgar Reitz Film-
Beleuchtung	Günther Bauer, Klaus		produktions GmbH,
	Weischer		München
Kamerabühne	Heinz Sottung, Volker		
	Meyer, Herbert Sporrer		
Baubühne	Ernst Tietze, Helmut		© 1984
	Gistke		in Coproduktion mit
Requisite	Peter Junghans, Bernd		dem WDR und dem
	Klinkert		SFB

DIE DARSTELLER

MARIA	Marita Breuer	
PAUL	Dieter Schaad	
	(Michael Lesch)	
PAULINE	Eva Maria Bayerwaltes	
	(Karin Kienzler)	
EDUARD	Rüdiger Weigang	
LUCIE	Karin Rasenack	
KATHARINA	Gertrud Bredel	
MATHIAS	Willi Burger †	
MARIE-GOOT	Eva Maria Schneider	
MÄTHES-PAT	Wolfram Wagner	
ANTON	Mathias Kniesbeck	
	(Markus Reiter, Rolf	
	Roth)	
ERNST	Michael Kausch	
	(Roland Bongard, Ingo	
	Hofmann)	
HERMANN	Peter Harting, Jörg	
	Richter (Frank Kleid)	
MARTHA	Sabine Wagner	
WIEGAND	Johannes Lobewein	
WILFRIED	Hans-Jürgen Schatz	
LOTTI	Gabriele Blum	
GLASISCH	Kurt Wagner	
PIERITZ	Johannes Metzdorf	
KLÄRCHEN	Gudrun Landgrebe	
OTTO WOHLLEBEN	Jörg Hube	

IN WEITEREN ROLLEN:

Marliese Assmann, Franz Bauer, Frieda Bauer, Heinz Baumgarten, Ralf Maria Beils, Helga Bender, Joachim Bernhard, Christoph Böhm, Anna Maria Bohl, Jutta Boll, Richard Brandel, Philipp Brendel, Hermann Bruckner, Herbert Busch, Pascal Buzay, Claudia Christ, Gerhard Christ, Carolle Cashia, Hilde Dämgen, Juliane Damm, Johannes Dennhoff, Thierry Dezaphix, Markus Dillenburg, Bernd Eichinger, Lucien Enginger, Karl Elsen, Stefanie Fink, Guy Fox, Oskar Frank, Horst Frank, Hans-Joachim Frey, Günter Geiermann, Susi Gerloff, Doris Gistke, Helmut Gistke, Hubert Gleißner, Wilhelm Gräff, Karin Groben, Norbert Grübl, Ernst Hammen, Otto Henn, Elke Henrich, Horst Henrich, Gerhard Huhn, Khue the Hoa, Van ham Hou, Ingrid Isermann, Ralf Isermann, Willi Jakob, Anke Jendrychowski, Karl-Joseph Johann, Joseph E. Jones, Sylvia Kamm, Alexandra Katins, Jürgen Kemmerer, Dieter Klahr, Werner Klockner, Ruth Köppler, Hans Koppenhöfer, Andrea Koloschinski, Peter Korbion, Kim Kremer, Gertrud Kühnreich, Günther Külzer, Christel Kuhn, Manfred Kuhn, Stefan Kuhn, Hans-Günter Kylau, Heinrich Land, Arno Lang, Pater J. Lennartz, Gerit Leschnik, Marcos de Lesseps, Rüdiger Liller, Konrad Lindenkreuz, Ulrich Lindenkreuz, Hermann Josef Loskill, Heike Macht, Margot Mahler, Andreas Mertens, Ernst Messner, Virginie

DREHORTE

Moreno, Reinhard Mosmann, Hans-Rainer Müller, Gerd-Peter Münden, Annemarie Neuhaus, Peter Paillon, Thomas Palm, Uli Papstein, Maria Anders Paton, Josef Peil, Theo Pfeiffer, Gisela Pick, Dietmar Plenz, Manfred Plenz, Otto Prochnow, Johanna Radzik, Ronald Rau, Gerd Rigauer, Rudi Roth, Stefanie Roth, Ernst-Günter Rotter, Irene Rüdinger, Ann Ruth, Martin Seibel, Birgit Selbst, Horst Selbst, Petra Spengler, Albert Sulzbacher, Alice Sulzbacher, Toni Sulzbacher, Erich Schauß, Gertrud Scherer, Sigrid Scherer, Wolfgang Scherer, Karl-Heinz Scherschligt, Markus Schlarb, Tanja Schlarb, Jakob Schlosser, Franz-Joseph Schmoll, Hans Schneider, Kurt A. Scholl, Alexander Scholz, Berthold Schuck, Gabriele Schuhmacher, Jörg Stäglichl, Achim Stellwagen, Michael Stephan, Laurens Straub, Jürgen Streck, Kurt Stumm, Hans Theis, Wolfgang Unterholzner, Joachim Vacano, Bobo Vogt, Hans Vogtel, Elfriede Wagner, Friederike Wagner, Margarethe Walter, Lilli Weckmüller, Mike Weddle, Jens Werkheiser, Roswitha Werkheiser, Rudolph Wessely, Inge Wolf, Kurt Wolfinger, Eli Zickerow, Manfred Zimmermann und viele andere.

Woppenroth, Rohrbach, Gehlweiler, Maitzborn, Griebelschied (Hauptdrehorte).
Simmern, Kirchberg, Büchenbeuren, Schlierschied, Hausen, Rhaunen, Wallenbrück, Womrath, Unzenberg, Panzweiler, Schneppenbach, Dickenschied, Gemünden, Dill, Hecken, Dillendorf, Ravengiersburg, Mengerschied, Schauren, Metzenhausen, Sohren, Hennweiler, Kirn, Wikkenroth, Laufersweiler, Sonnschied, Rudolfshaus, Sulzbach, Hundheim, Hottenbach, Oberhausen/Kirn, Sobernheim, Bundenbach, Kempfeld, Birkenfeld, Trier, Neunkirchen/Saar, Teterchen/Frankreich, Zell, Traben-Trarbach, Kaub, Bacharach, Pfalzfeld, Fell, St. Goar, Boppard, Koblenz, Rheinbay , Daun, Dierdorf, Gersfeld/Rhön, Wiesbaden, Baden-Baden, Regensburg, München und die Landschaft im Lützel-Soon, Hunsrück.

282 Drehtage, 54 Mitarbeiter, 32 Schauspieler, 159 Laiendarsteller, 3863 Komparsen, Schreibarbeit am Drehbuch: Steinbach/Reitz von 1979–1980 in Woppenroth, 7 Monate Drehvorbereitung, 1½ Jahre Dreharbeiten 1981/82, 1 Jahr Schnitt, ½ Jahr Fertigstellung 1984 – Gesamtzeit: 5 Jahre.

Die Dreharbeiten begannen am 30. 4. 81 und endeten am 31. 10. 82.

Premiere: 31. 6. 1984, Filmfest München

FESTIVAL-BETEILIGUNGEN

30. 8.–3. 9. 1984	BIENNALE VENEZIA
26./27. 9. 1984	EUROPA CINEMA 84, Rimini
6. u. 7. 10. 1984	PANORAMICA 84, Mailand
27./28. 10. 1984	FESTIVAL INTERNATIONAL DU NOUVEAU CINEMA, Montreal
1. 11.–3. 11. 1984	29 SEMANA INTERNACIONAL DE CINE DE VALLADOLID, ESPAÑA
15. 11.– 2. 12. 1984	LONDON FILM FESTIVAL
26./27. 1. 1985	FESTIVAL DES NEUEN DEUTSCHEN FILMS, Luxemburg
2./3. 2. 1985	7TH GÖTEBORG FILM FESTIVAL, Göteborg
23./24. 2. 1985	INTERNATIONALE FILMFESTSPIELE BERLIN
23./24. 3. 1985	FILM EXPOSITION, Los Angeles
29. 3.–13. 4. 1985	THE NINTH HONG KONG INTERNATIONAL FILM FESTIVAL
28. 1.–31. 1. 1985	ROTTERDAM FILM FESTIVAL

PREISE

Preis der Internationalen Filmkritik, Biennale Venedig, August 1984
Preis der deutschen Kritiker, Februar 1985
Die Goldene Kamera, Februar 1985
Adolf-Grimme-Preis in Gold, März 1985
Outstanding Film of The Year, London 1985

FILMOGRAFIE EDGAR REITZ

Edgar Reitz, geboren 1932 im Hunsrück. Studium Theaterwissenschaft und Kunstgeschichte. Lebt seit 1952 in München. Erste Filmarbeiten 1958–1960. Erster Spielfilm 1966, Mitunterzeichner des «Oberhausener Manifests» 1962. Mit Alexander Kluge Gründung des Instituts für Filmgestaltung Ulm, Leitung des Instituts bis 1968. Seit 1965 eigene Filmproduktionsfirma in München.

1958	SCHICKSAL EINER OPER Kurzfilm
1959	BAUMWOLLE Dokumentarfilm
1960	KREBSFORSCHUNG I UND II Medizinische Dokumentarfilme
1960	YUCATAN Kurzfilm
1961	KOMMUNIKATION Kurzfilm
1961	POST UND TECHNIK Dokumentarfilm
1962	GESCHWINDIGKEIT Kurzfilm
1963	ca. 50 Werbefilme
1965	Industriefilme für Insel-Film
1964–65	VARIA VISION Simultan-Projektions-System für 120 bewegliche Leinwände
1966	DIE KINDER Kurzfilm
1966	ABSCHIED VON GESTERN (Mitarbeit und Kamera) Regie: Alexander Kluge
1966/67	MAHLZEITEN Spielfilm
1967	FUSSNOTEN Spielfilm
1968	UXMAL (unveröffentlicht) Spielfilm
1968	FILMSTUNDE Dokumentarfilm
1968/69	CARDILLAC Spielfilm
1969/70	GESCHICHTEN VOM KÜBEL-KIND Zyklus von 28 Kurzspielfilmen, zusammen mit Ula Stöckl
1971	KINO ZWEI Fernsehfilm
1971/72	DAS GOLDENE DING Spielfilm, zusammen mit Alf Brustellin, Ula Stöckl und Nikos Perakis
1973	DIE REISE NACH WIEN Spielfilm
1974	IN GEFAHR UND GRÖSSTER NOT BRINGT DER MITTEL-WEG DEN TOD Spielfilm, zusammen mit Alexander Kluge
1975	BETHANIEN Dokumentarfilm
1975	PICNIC Dokumentarfilm
1975	WIR GEHEN WOHNEN Kinderfilm
1975	7 JAHRE – 70 JAHRE Spielfilm (Kamera)
1976	STUNDE NULL Spielfilm
1978	DER SCHNEIDER VON ULM Spielfilm
1979	SUSANNE TANZT (unveröffentlicht) Kurzfilm
1981	GESCHICHTEN AUS DEN HUNSRÜCKDÖRFERN Dokumentarfilm
1980–84	HEIMAT Spielfilm